JN436916

네트워크로 바라본 아시아

사회과학적 관점에서

서울대학교 아시아연구소총서 기초연구시리즈 11

네트워크로 바라본 아시아

사회과학적 관점에서

초판 1쇄 인쇄 2018년 7월 5일
초판 1쇄 발행 2018년 7월 10일

지은이 손정렬, 김상배, 박경숙, 권규상
펴낸이 성낙인
펴낸곳 서울대학교출판문화원

출판등록 제15-3호

주소 08826 서울 관악구 관악로 1
대표전화 02-880-5252 | 팩스 02-888-4148
홍보마케팅팀(주문 상담) 02-889-4424, 02-880-7995
이메일 snubook@snu.ac.kr
홈페이지 www.snupress.com

ISBN 978-89-521-1993-3 94300
978-89-521-1475-4(세트)

이 연구는 2015년도 서울대학교 아시아연구소 아시아기초연구사업 연구비에 의하여 수행되었음.

서울대학교 아시아연구소총서
기초연구시리즈 11

네트워크로 바라본 아시아

사회과학적 관점에서

손정렬 · 김상배 · 박경숙 · 권규상 지음

Asia Viewed through Networks:

From the Perspectives of Social Sciences

Jungyul Sohn, Sangbae Kim,
Keong-Suk Park, and Kyusang Kwon

Seoul National University Press

머리말

최근 아시아에 대한 관심이 뜨겁다. 세계, 특히 서구로부터의 관심은 이미 한 세기 전에 경험한 일이기는 하다. 당시 아시아는 서구 열강의 식민통치의 각축장이었고, 개척할 식민지에 대한 지식과 정보를 제공해 줄 수 있는 지역연구에 대한 수요가 높았다. 최근 아시아에 대한 관심은 글로벌 경제 속에서 이 지역의 경제적 잠재력과 변화의 역동성에 기인하는 바가 크다. 관심의 주체 또한 이전과는 달리 서구 등의 타자에 국한되지 않고, 아시아인 스스로도 주체적으로 독자적인 관점을 가지고 자신들을 알아가고자 하는 단계에 이르고 있다.

이러한 사회적·학문적 수요를 반영하듯 아시아에 대한 지역연구 또한 20세기 말 이후로 매우 활발해지고 있다. 전통적으로 자연 및 인문 환경적 특성을 중심으로 한 지리학적 지역연구, 그리고 언어와 문화를 포함한 인문학적인 지역연구 분야에서 최근 글로벌 경제활동 공간 속에서의 경제적 잠재력이 중요해지면서 이를 파악하는 데 필요한 사회적 여건을 중심으로 한 사회과학적 지역연구에 이르기까지 다양한 방식의 지역연구가 수행되고 있다. 양적인 측면에서 그간 어느 정도의 성과는 축적되었다고 볼 수 있으나 이들 연구를 아우르는 지역연구의 일반화된 원형은 아직 정립되지 않은 듯하다. 한 지역이 가지고 있는 다양한 특성, 즉 지역성을 종합적으로 규명하는 한 가지 일반화된 유형의 연구를 정립하는 것은 매우 어려운 일일 것이다. 특히 아시아의 광범위함과 포괄성, 다양성 등을 고려할 때 아시아를 아우르는 일반화된 지역연구 방법론은 현실적으로도 불가능한 일같이 생각된다.

학문 분야로서의 지역연구 혹은 지역학의 측면에서, 이러한 부분들이 앞으로도 아시아의 지역연구를 위한 진지한 고민과 다양하고 새로운 시도들이 이루어져야 할 필요성이 제기되는 부분이다. 그리고 이 책에서 소개하는 아시아 지역연구에의 네트워크적 접근은 그러한 하나의 새로운 시도로서 저자들이 던지는 제안이다. 한 지역을 설명하는 데 있어 현실적으로 지역의 모든 면을 아우르기 어렵다면, 그리고 아시아와 같이 다양성이 넘치는 광범위한 지역을 포괄할 수 있는 일반화된 설명의 틀을 제시하기 어렵다면 네트워크적 접근은 매우 효과적인 설명방식일 수 있다. 네트워크가 가지는 관계적 사고의 틀은 한 지역을 그 지역 자체로서뿐만 아니라 그 지역이 다른 지역과 형성하는 관계들을 통해서 이해하기 때문에 제한된 범위의 정보를 가지고 좀 더 다면적인 지역의 특성을 파악해낼 수 있다. 이를 통해 다양한 개별 주체가 모여 형성하는 이질적 공간은 상호 유기적으로 연결되고 소통하는 하나의 종합성을 지니는 지역으로 승화될 수 있는 것이다.

이 책을 집필하면서 잠재적인 대상독자로 삼은 집단은 네트워크적 접근방법과 지역연구에 관심을 가진 학부 고학년과 대학원 석·박사 과정생이었다. 더 나아가 관련 분야의 전문연구자들도 네트워크적 관점으로 지역을 바라보는 시론적 연구에 대한 경험을 제공한다는 점에서 잠재적 대상독자 집단에 포함된다. 주제별로 볼 때 본문의 각 장은 국제정치, 사회 및 인구, 경제공간 등 사회과학의 핵심적인 분야들을 담고 있어 사회과학 전공자들의 관심에 더 부합할 것으로 생각되나 지역연구가 가지는 융복합성을 고려할 때 사회과학 이외 분야의 연구자들에게도 유용한 참고서가 될 수 있으리라 생각한다. 내용적으로 볼 때 저자들은 그들의 새로운 연구 결과들을 각 장에 담으면서 동시에 방법론적으로는 네트워크적 접근을 통한 지역의 이해가 매우 중요하며 이를 적극적으로 활용할 필요가 있다는 메시지를 던지고자 했다.

이 책은 서울대학교 아시아연구소가 주관하는 기획연구과제의 결과물로, 이 책을 출판하는 데 많은 분의 도움이 있었다. 먼저 초기에 이 연구과제에 지원하여 연구를 수행할지 망설이고 있을 때 과감하게 과제를 수행하도록 결단력을 불어넣어주신 당시 사회과학대학 학장이셨던 박찬욱 부총장님께 감사를 드린다. 연구과제 지원 기간이 너무 짧아 아이디어를 구현하는 데 핵심적인 공동연구자들을 섭외하는 과정에서 큰 어려움을 예상했는데, 그러한 우려를 불식시키면서 흔쾌히 연구진에 참여해주신 김상배, 박경숙 교수님과 권규상 박사께도 감사를 표한다. 연구과제의 행정 업무를 맡아 연구가 문제 없이 진행되도록 해준 서울대학교 지리학과 최선영 박사과정에게도 고마움을 전한다. 아울러 이 책이 나올 수 있도록 기획연구과제라는 씨앗을 제공해주신 서울대학교 아시아연구소와 이 책의 출판을 맡아준 서울대학교출판문화원에도 감사를 드린다.

연구 아이디어를 고민하던 당시에 네트워크적 관점을 통해 바라보는 아시아 연구의 이상적인 상에는 많이 미치지 못했다고 생각하나, 새로운 제안을 던짐으로써 향후 아시아 연구에서 네트워크적 접근이 활성화되는 계기가 될 수 있다면 그것만으로도 보람을 느낄 수 있을 것 같다.

2018년 6월

저자 대표 손정렬

차례

제4장 네트워크로 본 동아시아 국제질서: 그 협력과 갈등의 동학

제5장 나오며

표 차례

그림 차례

제1장

들어가며

손정렬(서울대학교 지리학과)

1. 왜 네트워크인가?

1) 네트워크의 유행

언젠가부터 '네트워크'라는 용어는 우리에게 매우 친숙한 용어가 되었다. 이 용어가 본격적으로 사용되기 시작했을 당시에는 전문적인 학술 분야에서 사회에서 일어나는 특정한 현상 혹은 패턴을 지칭하기 위해 이용되었지만 이제는 일반인도 부담 없이 쓸 수 있을 만큼 생활 속에 녹아들어가 있는 개념이다. 아울러 과거에 이 용어가 특정한 현상이나 패턴만을 지칭하는 데에 주로 이용되어왔다면, 이제는 다양한 분야의 다양한 현상이 네트워크라는 용어를 통해 지칭되고 있다.

구글에서의 검색 결과를 바탕으로 이들 중 몇몇 대표적인 유형을 정리해보면 먼저 교통 네트워크가 있다. 우리가 일상생활에서 매일 접하게 되는 지하철, 버스 등의 대중교통, 그리고 내가 사는 도시 이외의 다른 지역을 갈 때 이용하는 KTX 등 철도, 비행기 등 모든 교통수단이 각자의 교통 네트워크를 구성하고 있다. 정해진 노선을 다니지 않는 승용차의 경우도 도로 네트워크상에서 움직인다는 점에서 예외가 아니다.

20세기 후반 정보통신기술의 급격한 발전과 함께 도래한 정보사회 속에서 형성된 정보통신 네트워크 또한 현대인에게는 뗄 수 없는 중요한 삶의 일부다. 물론 이 시기 이전에도 정보가 흘러다니는 네트워크가 없지는 않았다. 텔레비전이나 라디오 등의 매개가 되는 방송 네트워크, 그리고 전화, 팩시밀리 등의 통신 네트워크 등은 한 시대를 풍미했던 영향력과 파급력을 지닌 네트워크였으나, 인터넷 그리고 최근에는 모바일 등으로 대표되는 정보 네트워크는 그 규모와 파급력, 양방향성, 동시성 등의 측면에서 이전과는 비교가 되지 않을 정도로 엄청난 영향력을 발휘하고 있으며, 금단현상을 보일 정도로 사람들의 의존성이 높아지고 있는 추세다.

소셜(social) 네트워크 또한 현대인의 관심이 높은 네트워크다. 소셜 네트워크가 아우르는 사회관계의 유형과 범위는 일반인이 생각하는 것보다 훨씬 더 포괄적이지만 보통 사람들이 생활 속에서 좀 더 가깝게 접하는 소셜 네트워크는 소셜 미디어서비스다. 세계적으로 선풍적인 인기를 끌고 있는 페이스북, 트위터, 인스타그램과 국내에서 폭넓은 저변을 가지고 있는 카카오스토리, 네이버밴드 등의 확산을 통해 현실세계의 부수적 존재였던 가상세계가 이제는 현실세계와 비교될 수 있는 대안적 공간으로서의 위상을 가질 정도로 변화가 나타나고 있다.

학문 분야에서의 네트워크 또한 매우 폭넓은 저변을 가지고 있다. 인간사회의 현상들을 과학적 법칙으로 설명하기 위해 네트워크 개념이 도입된 초기에는 교통 분야를 대상으로 그래프이론 등을 이용한 다양한 교통수단의 네트워크 분석이 수행되었으며, 이들 분석은 이후 교통 네트워크와 경제 네트워크 간의 접합점으로서 물류 네트워크와 상품사슬, 글로벌 생산 네트워크의 연구로 계승된다. 경제 부문에서는 기업, 인력 등 경제활동 행위주체들의 네트워크와 함께 21세기 범세계적 경제활동의 네트워크에서 중요한 역할을 담당하는 지식 네트워크, 학습 네트워크, 혁신 네트워크 등에 대한 관심이 증가하고 있으며, 네트워크적 경제활동의 중요성에 힘입어 기존의 집적경제와 외부성 효과가 네트워크 경제와 네트워크 외부성 효과로 전환되고 있다. 지식과 정보의 활발한 이동이 이루어지는 정보통신 네트워크 또한 주요 분석 대상이다. 과거 유선상의 흐름이 네트워크의 주요 구성요소였다면, 이제는 와이어리스(wireless) 환경에서 네트워크 자체가 정형화된 틀을 가지지 않는 무한한 선의 연결체가 되고 있다.

소셜 네트워크에 대한 분석은 이미 전성기를 구가하고 있으며 더 나아가 사회, 정치 분야에서는 행위자-네트워크 이론, 네트워크 거버넌스 혹은 거버넌스 네트워크 등을 통해 좀 더 학술적으로 심화된 방식으로 네트워크적 사고가 투영되고 있다. 세계화와 더불어 증가하는 범세계적 인구이동의 차원에서 초국적 인구이동의 네트워크를 분석하는 연구들도 사회과학 분야에서 다양한 접근이 이루어지고 있다. 아울러 국제정치의 관점에서 국제사회의 구성단위로서 개별 국가들 간의 네트워크뿐만 아니라 경제활동의 관점에서 개별 도시들 또한 경쟁의 전면에 나서게 되면서 이들 도시가 형성하는 범세계적 도시 네트워크와 계층체계도 관심의 대상이다. 이 밖에도 자연현상의 패턴을 설명하는 생태 네트워크, 녹지 네트워크, 그리고 최근 인공지능에 대한 관심의 증대와 함께 부상하는 인공신경망분석 등 네트워크적 관점에 기반한 연구들은 그 수와 다양성에서 빠르게 증가하고 있다. 바야흐로 장소의 공간(space of places)에서 흐름의 공간(space of flows)으로 인식의 전환이 일어나고 있다(Castells, 1996).

2) 네트워크의 본질

네트워크는 점과 선으로 구성되어 있다. 보통 점은 노드(node)라고도 하며, 네트워크 공간상에서 독립적으로 흩어져 있는 노드들을 서로 연결해주는 것이 링크(link)다. 노드들은 네트워크 행위자 혹은 네트워크 구성주체라고 할 수 있으며 링크는 이들 주체 간의 관계를 반영한다.

네트워크적 관점이 활성화되기 이전에 특정 대상을 바라보는 시각은 관찰 대상의 자산이 무엇인지였다. 대상이 국가라고 한다면 그 국가의 경제력의 규모가 어느 정도인지, 정치적인 여건은 어떠한지, 사회문화적인 특성은 무엇인지 등, 국가를 그 자체로서 특성화할 수 있는 여러 자료가 주요 관심 대상이었다. 개인에 대한 연구에서도 개인의 특성을 나타내는 여러 지표, 즉 사회경제적 지위, 정치적 성향, 사회성, 문화적 취향 등등 대상으로서의 개인 그 자체에 집중하여 분석되어왔다.

이에 비해 네트워크 관점에서의 대상은 그 대상 자체의 특성보다는 그 대상이 다른 대상들과 형성하는 관계에 집중한다. 경제적인 측면에서 도시를 바라볼 때 도시가 지니고 있는 경제력이나 성장잠재력 등보다는 그 도시가 글로벌 경제체제 속에서 다른 도시들과 형성하고 있는 경제적 연계가 이러한 관점에서는 매우 중요하게 다루어진다. 정치적인 측면에서 한 국가가 다른 국가들과 형성하고 있는 국가 간 관계의 네트워크는 국제정치 구도하에서 국가의 대응방향을 정해가고 장기적으로 국제사회에서 국가를 안정적으로 존속시키기 위해서 중요하다. 이와 같이 네트워크 관점에서의 자산은 각각의 네트워크 주체들이 가지고 있는 자산이 아닌 다른 주체들과의 관계를 통해 형성되는 자산이라는 의미에서 관계적 자산이라고 볼 수 있다.

네트워크 주체 간에 관계적 자산이 형성되려면 두 가지 조건이 충족될 필요가 있다. 첫째, 네트워크 주체 간에 상호보완성이 있어야 한다. 서로가 서로에게 필요한 부분이 있어야 교류가 생기게 되고 이를 바탕으로 안정적인 연계가 형성된다. 상호보완성이 형성되는 바탕에는 네트워크 주체들 간의 이질성이 전제된다. 만약 주체들이 완벽하게 동질적이라면 서로에게 있는 것은 공통적으로 있고 서로에게 없는 필요한 것은 공통적으로 없게 되어 서로 간에 보완의 여지가 생기지 않게 된다. 이러한 구도에서는 경쟁은 발생할 수 있어도 협력과 상생의 관계를 바탕으로 한 네트워크의 형성은 기대하기 어렵다.

둘째, 네트워크 주체 간에는 네트워크 접근성이 있어야 한다. 네트워크상에서 너무 멀리 떨어져 있는 주체들 간에는 네트워크가 형성되기 어렵거나 형성되더라도 그 강도가 매우 약할 수 있다. 전통적인 의미에서의 네트워크에서는 지리적 거리 등이 접근성의 중요한 요소여서 멀리 떨어져 있는 주체들 간에는 연계의 가능성이 낮아질 수밖에 없었다. 20세기를 거치면서 향상된 교통과 정보통신기술의 발달은 21세기에 들어 시공간 수렴을 가능케 하면서 지리적 거리에 의한 영향이 약화되기 시작했고, 이에 따라 네트워크상에서의 접근성 또한 지리적 거리에 의한 영향력은 상당부분 감소되었다. 그 결과 네트워크상에서의 접근성은 지리적 위치보다는 위상학적 위치, 즉 네트워크상에서 어떤 지위와 위치를 점하고 있느냐가 더 중요해졌다. 하지만 한편으로 지리적 특성이 과거에 비해 많이 약화되긴 했지만 다양한 네트워크 주체의 범세계적 네트워크가 작동하는 원리와 방식을 보면 여전히 일정부분 영향을 미치고 있는 상황이다. 마르쿠젠의 지적처럼 공간은 점점 미끄러워지는데 장소는 그럼에도 점점 더 끈적끈적해지는 이른바 장소적 고유성이 여전히 네트워크상에서도 일정부분 영향을 미치고 있다(Markusen, 1996).

서로 다른 네트워크는 각각 상이한 구조와 동학을 가지고 있다. 마찬가지로, 네트워크의 내부를 들여다보면 노드들 간의 연결이 보여주는 네트워크의 구성방식은 노드별로, 그리고 링크별로 상이하다. 예를 들어, 네트워크상에서 일부의 구성주체들이 여타의 다른 주체들과는 연계를 형성하지 않으면서 그들끼리만 폐쇄적인 연계구조를 만들고 그 안에서 강한 유대관계를 유지하는 방식의 구조적 배태성(structural embeddedness)(정명호·오홍석, 2005; 김태현·정현기, 2015)이나 네트워크에 구조적으로 연결된 구성주체들 간의 유대관계를 반영하는 관계적 배태성(relational embeddedness)(김지영, 2012; 김태현·정현기, 2015) 등의 측면에서 볼 때 그러한 성격의 구성주체집단이 대표성이 강할 경우 네트워크는 상당부분 분절화되거나 위계성이 강한 모습을 보이게 될 것이다. 반면 특정집단의 폐쇄성, 혹은 그들 간의 유대관계가 약할수록 네트워크는 연계의 구성과 연계별 강도 측면에서 비교적 균등하고 수평적인 모습을 보이리라고 기대할 수 있다. 이와 같이 구조와 성격에서 차이를 보이는 상이한 네트워크는 유사한 성격의 네트워크 행위자들로 구성된 클럽 네트워크에서처럼 서로 경쟁관계에 있기도 하지만 이질적인 행위자들의 결합체인 웹 네트워크의 경우처럼 서로 협력적이 되기도 한다(Meijers, 2005; 손정렬, 2011).

이러한 네트워크의 이질성에 대한 관심은, 네트워크를 세상을 바라보는 하나의 새로운 관점으로서 제안하는 것을 넘어 네트워크의 내·외부적인 세부 특성들이 세계를 이해하는 데 필요한 각각의 설명요인들로 자리매김함으로써 네트워크 모형화, 그리고 더 나아가 이론화의 길을 열어줄 수 있다.

3) 네트워크적 관점의 장점

네트워크적 관점을 통해 현상을 이해한다는 것은 관계적 사고의 틀을 확장시킨다는 의미다. 관계적 사고는 연구 혹은 분석에서 관심을 가지게 되는 특정한 대상 자체뿐만 아니라 그 대상과 관련이 있는 다양한 대상도 함께 고려해야 함을 의미한다. 관계적 사고에 기반한 네트워크적 관점은 장점이 많다. 첫째, 네트워크적 관점은 대상 자체만을 바라보는 단편적이고 부분적인 이해로부터 그 범위를 확장하여 종합적이고 총체적인 이해를 추구하는 데 유리하다. 이와 같은 방식의 접근은 특히 표면적으로 볼 때 이질적이고 독립적인 듯 보이는 현상들 간에 실제로는 다양한 차원의 연계가 형성되어 있는 현대사회를 설명하는 데 적합한 방법론이라고 볼 수 있다. 20세기 후반부터 본격화하기 시작한 세계화의 과정 속에서 특정 지역에서 일어나는 개별적인 활동들의 범세계적인 연계성은 점점 더 증가하고 있는 추세다. 이러한 변화 속에서 한 지역에서 일어나는 현상은 다른 여러 지역에서 발생하는 현상들과 원인 혹은 결과적인 관계를 통해 연결되어 있고, 해당 현상을 좀 더 정확하게 이해하기 위해서는 이들 연관된 현상들도 함께 고려해야 할 필요가 생기게 된다. 이러한 점에서 21세기 현대의 범세계적 활동들의 특성을 종합적이고 포괄적인 방식으로 정확하게 이해하기 위해서는 네트워크적 관점을 견지하는 것이 매우 중요한 조건이 된다.

둘째, 네트워크적 관점은 대상에 대한 영역적 사고를 넘어 네트워크적 사고를 가능케 한다. 영역적 사고는 대상이 있는 위치와 그 주변을 살피는 방식이다. 여기서의 위치는 지리적인 위치뿐만 아니라 정치적·경제적 혹은 사회적 측면에서의 위치를 모두 포괄하는 개념이다. 이에 비해 네트워크적 사고는 영역적 사고가 강조하는 여러 가지 차원의 위치상의 인접성보다는 네트워크상에서의 연결성, 결절성 등을 중요하게 고려한다. 따라서 인접성 차원에서 거리가 떨어져 있어 관계가 소원해 보이더라도 연결성이나 결절성의 차원에서 연계가 강한 대상들의 집단을 파악해낼 수 있다. 최근에는 영역적 사고와 네트워크적 사고를 결합한 하이브리드 방식의 사고에 대한 고려(허우긍·손정렬·박배균 편, 2015) 또한 제안되는 등 네트워크적 관점은 대상을 바라보는 방식에 있어 매우 유연한 틀을 제공해준다.

셋째, 네트워크적 관점은 대상들 간의 관계를 경쟁적·대립적 관계보다는 보완적·협력적 관계를 통해 파악이 가능하게 한다. 물론 우리가 관심을 가지는 현실 속의 대상들 간에는 경쟁적인 관계와 보완적인 관계가 혼재된 경우가 많아 어느 쪽의 영향력이 더 강하게 작용하는지를 쉽게 구분하기 어려운 상황이 발생할 수 있다. 또 네트워크적 관계가 형성될 수 있는 여건이 갖추어져 있더라도 그들 간의 협력적 거버넌스에 대한 공감대가 형성되어 있지 않다면 협력과 공조를 기반으로 하는 네트워크가 반드시 구성된다고 볼 수만은 없다(최병두, 2015). 그러나 (때로는 다소 모호한 의미에서의 규범성이 비판의 대상이 되기도 하지만) 네트워크가 지향하는 규범성은 대상들 간의 관계를 상호협력을 통한 시너지 효과를 발생시키는 작동원리로 이해될 수 있고, 이를 추구하고자 하는 노력이 협력적인 네트워크 형성의 동력이 될 수 있다는 점에서 네트워크적 관점은 보완적·협력적인 상생의 관계를 이끌어낼 수 있는 가능성을 제시해준다.

2. 아시아 지역연구의 새로운 접근법

1) 아시아에 대한 관심 증대

아시아는 산업혁명 이후 근대화 과정에서 뒤처진 지역이다. 18세기 영국에서 촉발된 산업혁명은 시간이 경과함에 따라 유럽으로 확장되었고 다시 대서양을 건너 북미지역으로 확산되어갔다(Rubenstein, 2005). 아시아가 산업혁명의 영향권에 들기 시작한 것은 자발적인 산업성장의 과정이 아니라 산업화에 성공한 서구 열강들이 식민지를 개척하는 과정에서 이전되고 신설된 공장들에 의해서였다. 이들 산업 시설은 식민지 모국의 이해관계를 반영하는 방식으로 식민지에 편제되고 공간적으로 배치되었기 때문에 식민지의 발전에는 별다른 영향을 미치기 어려웠다. 이 시기 아시아 지역에 대한 관심은 식민지를 개척하는 과정에서 필요한 지역에 대한 정보와 지식을 얻기 위한 목적이 주였다. 지역연구 또한 이에 부합하는 방식으로 수행되었다. 20세기를 거치면서 상당수의 아시아 국가들이 식민지 모국으로부터 독립하면서 지역발전의 새로운 전환기를 맞았으나 성장을 위한 여건의 부재로 오랫동안 세계경제체제의 주변부에 위치하는 저개발국의 상태에서 벗어나기 어려웠다. 이 시기 아시아권 국가들은 경제적으로 성공신화를 기록한 일본과 냉전시대를 거치면서 국제정치적인 차원에서 영향력을 행사한 중국을 제외하고는 두드러진 관심을 받지 못했으며, 지역연구의 측면에서도 그다지 각광을 받지 못했다.

그러나 20세기 후반에 들어서면서 아시아권 국가들은 세계경제체제에서 점차 중심적인 역할을 수행하기 시작하였고, 이에 따라 이들에 대한 범지구적인 관심도 증가하기 시작했다. 1960년대와 70년대 기간 동안 한국, 대만, 홍콩, 싱가포르 등 소위 신흥공업국들이 급성장하면서 기존의 선진국 대 후진국의 세계경제구도에 새로운 판짜기가 필요한 상황에 이르게 되면서, 이들 국가의 성장배경과 여건, 잠재력, 원인, 영향 등에 대한 관심이 증가했다. 최근으로 오면 중국의 경제가 성장하면서 세계경제 속에서 미국과 함께 G2의 한 축으로 언급될 정도로 그 역할과 위상이 높아졌다. 비록 아직은 정점에 도달하지는 않았지만 급속히 성장하는 아세안(ASEAN) 국가들의 추격도 주요한 관심의 대상이 되고 있다. 이미 노동력의 장점을 필요로 하는 경제 부문에서는 베트남을 비롯한 아세안 국가들이 중국보다 선호되고 있다. 인도 또한 거대한 인구잠재력을 바탕으로 향후 비약적인 성장이 예상되는 국가이며, 특히 미국의 실리콘밸리나 할리우드 등의 특화지구들은 방갈로어 지구와 뭄바이의 발리우드와 같이 이미 인도 내에도 유사한 경제공간이 형성되어 범세계적인 중심의 역할을 수행하고 있다.

국제정치 여건으로 볼 때도 20세기 후반부터 범세계적으로 관심을 끄는 사안들이 아시아권을 중심으로 형성되고 있다. 이데올로기를 중심으로 한 동서냉전시대가 1990년대에 들어서면서 종식되었음에도 불구하고 여전히 냉전의 잔재인 한반도와 이를 둘러싼 일본, 중국의 역학구도, 그리고 범세계적 슈퍼 파워로서 미국과 러시아의 영향력 등은 국제정치학적인 주목의 대상이다. 최근 경제적 가치의 부상에 따른 해양영토에 대한 분쟁 또한 아시아권에서 빈번하게 관측되는 현상이다. 특히 중국이 일본과 상호간에 영유권을 주장하는 댜오위다오 혹은 센카쿠열도를 포함하여 베트남, 필리핀, 인도네시아 등 동남아시아의 여러 국가와 해양영토를 둘러싸고 보이는 갈등 양상은 이 지역에서의 미국의 역할과 함께 경제적인 요인뿐만 아니라 국제정치의 역학구도와도 맞물려 진행되고 있다. 아울러 최근 유럽 등지에서 수차에 걸쳐 발생한 테러의 진원지로서 극단주의 종교와 관련된 이슬람 국가들 내의 갈등도 세계인들이 민감하게 관심을 나타내는 부분이다.

대중문화적인 측면에서 볼 때 텔레비전과 라디오 등의 매체를 통한 문화의 확산이 본격화된 20세기 중반 이후로 줄곧 할리우드와 빌보드로 대표되는 미국의 팝문화가 다른 대륙과 마찬가지로 아시아권에 지배적인 영향을 미쳤으나, 한편으로 아시아는 문화생산자로서의 역할을 통해 자생적으로 성장해왔다. 다수의 일본의 "망가(만화)"와 애니메이션 그리고 몇몇 영화는 범세계적으로 확산되어 영향력을 발휘했고, 홍콩의 영화와 음악 역시 아시아권에서는 한동안 주도적인 대중문화공급자로서의 역할을 담당했다. 1990년대를 거쳐 21세기에 접어들면서는 한류라고 불리는 영화, 텔레비전 드라마, K-POP 등 한국의 문화 콘텐츠들이 다양한 연령대를 주 대상 집단으로 하는 글로벌 대중문화 시장에서 열광적인 반응을 얻고 있다. 이러한 문화 전파의 과정은 소비자들로 하여금 콘텐츠 그 자체뿐만 아니라 아시아에 대한 관심도 함께 끌어올리는 역할을 함으로써 현실세계와 가상세계에서의 아시아로의 네트워크 연결 강도를 강화시키고 있다.

이상에서와 같이 다양한 분야에서 관측되고 있는 아시아에 대한 관심의 증대는 초기에 북미와 유럽을 아우르는 서구권 등 아시아 외부에서 활발하게 이루어졌으나, 최근에는 아시아 스스로 아시아를 발견하고 구성원 간의 이해를 향상해가는 과정을 통해 아시아 내부에서도 더욱 활성화되고 있다. 이와 같은 외부자적 시각과 내부자적 관점이 서로 만나고 교류하면서 아시아 지역에 대한 좀 더 균형 잡힌 이해에 도달할 수 있다.

2) 아시아 지역연구에 대한 개관

아시아에 대한 지역연구는 아시아 대륙의 대규모성 그리고 대륙 내 지역 간의 이질성 등으로 아시아 전체를 한꺼번에 아우르는 연구를 찾아보기 힘들다. 대부분의 연구들이 동아시아, 동남아시아, 서아시아, 중앙아시아, 남부아시아 등 하위지역 단위별로 지역연구가 수행되거나 영역적으로 더 작은 개별 국가 단위로 연구가 이루어져왔다. 이러한 연구를 수행해온 연구자들은 지역전문가로서 진정한 지역기반의 지식생산을 담당하지 못하고, 특정한 국가나 민족단위의 연구들에 집중하는 소위 일국 전문가였다는 점에서 비판을 받기도 한다(황동연, 2011). 다른 한편으로 보면, 아시아 내 각각의 하위지역이나 국가들의 인종, 민족, 언어, 종교, 관습, 정치, 문화, 사회 등 여러 가지 특성을 함께 묶어 일반화하기는 현실적으로 어려운 부분도 있다. 그러다 보니 하나의 지역으로서 아시아를 분석하는 것은 이를 위한 지역연구의 관점과 방법론이 갖추어지지 않은 상태에서는 매우 어려운 도전으로 인식될 수밖에 없을 것이다.

초기의 아시아 지역연구는 인문학적인 관점이 주류를 이루어왔다.

해당 지역의 역사, 예술, 종교, 문학 등 대표적인 특징들에 대한 관심이 지역연구의 근간을 이루었고, 연구방법상 대부분은 기술적·서술적 방식의 연구들이 주류를 형성했다. 1990년대에 들어서면서 지역연구가 한층 활성화되었는데 이 시기에는 특히 사회과학적 관점에서 접근한 연구들이 등장했다. 사회과학의 특성상 방법론적으로는 이전의 시기에 비해 더 분석적이고 실증적인 방법들도 증가했다. 흥미로운 점은 이 시기에 등장한 아시아 지역연구들은 많은 경우에 학문적인 논리나 필요에 의한 연구가 아니라 경제적·정치적 이해관계 등에 기반한 실용적인 지식을 얻기 위해서나 정책수립을 위한 기초자료로서 필요한 정보를 체계화한 방식으로 제공한다는 목적 등에 따라 활성화된 결과물이라고 볼 수 있다(이지은, 2011). 이들 인문학 혹은 사회과학적 관점의 연구들은 미지의 세계로서의 연구 지역의 특성을 이해하는 데 기여해왔지만, 서로 다른 지역 혹은 국가들 간의 비교나 연결을 통한 상대적인, 그리고 더 나아가 관계적인 관점에서의 이해라는 측면에서는 미흡하다.

아시아 내의 연구대상 지역이라는 관점에서 볼 때 지역별로 연구가 활성화된 지역과 그렇지 않은 지역 간에는 불균등성이 있다(이지은, 2011; 엄구호, 2012). 이러한 불균등성은 상당부분 실용성에 기반한 국내에서의 해당 지역에 대한 지식 수요에 따라 좌우되는 경향이 있다. 연구분야나 주제도 지역별로 전공연구자의 학문적 배경에 따라 상당한 수준의 편향적인 분포 양상을 나타내고 있다. 여기에는 여러 가지 요인이 영향을 미쳤을 것으로 보는데, 그중 전반적으로 아시아 지역은 매우 넓고 다양한 데 비해 이를 연구하는 국내 연구자의 절대 수는 적다는 것도 작용한다고 볼 수 있다. 아시아 지역연구자의 저변이 상대적으로 작은 편인 데 반해, 넓고 다양한 지역을 다룰 수 있는 지역연구방법론의 부재는 공간상에서 제한적인 지역들에 소수의 연구자들이 분산되는 데 영향을 주었다. 이러한 영향으로 개별 지역들을 유기적으로 연계하거나 공간상에서 더 넓은 지역의 내부를 통합적 혹은 융합적 관점에서 조망하는 연구는 수행되기 어려웠다.

3) 새로운 접근법의 시대적 요청

지역학 혹은 지역연구는 지역에 대한 이해를 추구하는 학문이다. 지역은 정치, 경제, 사회, 문화 등 다양한 인간의 삶의 방식이 자연환경적 및 인문환경적 고유성을 지닌 이들의 삶의 터전 위에서 상호유기적으로 연결되어 이루는 종합체다. 따라서 지역을 이해하는 데 있어 특정 부문을 중심으로 이해를 추구하는 것은 종합체로서의 지역의 성격을 생각할 때 상당히 지엽적인 이해만을 하게 되거나, 경우에 따라서는 관련되는 다른 부분들을 고려하지 못함으로써 지역을 정확하게 이해하지 못할 우려가 있다. 그러나 지역을 통합적 혹은 종합적으로 이해하기 위하여 지역의 다면적인 속성을 포괄적이고 유기적으로 고려하는 것은 해당 지역을 올바로 이해하는 데는 적절할 수 있으나 현실적으로 가능한지에 대한 문제가 있다. 대규모의 재원과 다양한 분야의 전문인력을 투입한 지역연구 접근이 한 가지 방법이 될 수 있는데, 이는 최근 활동이 활발해진 대학 내의 몇몇 지역연구를 위한 대형 연구소들은 어느 정도 가능하다고 할 수 있으나 이러한 기회는 상당히 제한적이다. 그러한 점에서 지역학이 지역에 대한 학제적 연구의 역량을 제고시킨 것은 일정 부분 사실이나, 반쉔델이 지적한 것처럼 지역학 연구의 현실적인 한계로 인하여 학문 분야별로 스스로의 영역에 매몰되어 해당 연구지역에 대한 몇 가지 고유한 주제, 방법론, 용어 등에 대한 신성화와 함께 각자의 개념적 제국 속에 개별 분야를 고립되도록 하는 결과를 낳았다는 평가도 있다(피네이루, 2016, van Schendel, 2002 재인용). 그렇다면 지역연구의 바람직한 방향은 무엇인가? 엄구호는 인문학적 지역연구와 사회과학적 지역연구 간의 통섭적 접근을 추구하는, 순수기초연구와 응용정책연구 간의 연계를 지향할 수 있는, 그리고 국내 연구와 국제관계 연구 분야 각각에서, 그리고 이들 간에 체계적 시각을 정립할 수 있는 지역연구를 제안한다(엄구호, 2012).

한편, 조금 다른 시각에서 백원담은 지역연구의 문화정치학적 재구성을 제시하면서 세 가지 차원에서 지역연구의 방향성을 언급하고 있다(백원담, 2010). 첫째, 국가를 지연연구의 분석 단위로 당연시해온 기존의 주류 지역학에 대한 극복이다. 국가 단위의 시각은 해당 국가 내의 현상들에 대한 정확한 기술과 설명에는 도움이 될 수 있겠지만 지역 전체적으로 이루어지는 변화와 그 변화를 통해 나타나는 새로운 초국가적·국가 내부적 현상들을 적절히 설명해내는 데에는 한계가 있을 수밖에 없다. 둘째, 국가 간 관계에 기초한 국제관계를 넘어서는 시각의 견지다. 한 지역에서 국가 간의 관계는 지역 내에서 나타나는 다양한 관계 중 한 유형일 뿐이며, 국경과는 별개로 형성되는 흐름의 네트워크에 대한 이해가 지역의 진정한 지역성을 이해하는 데 중요하다는 의미로 이해된다. 셋째, 지역의 범주를 변하지 않는 고정된 대상이 아니라 지속적으로 핵심 속성, 영역, 테두리가 변화할 수 있는 가변체로 이해하는 것이다. 한 지역은 그 지역 자체의 특성뿐만 아니라 다른 지역과의 관계 속에서 성격을 규정할 때 좀 더 정확한 정의가 가능하다. 이러한 세 가지 차원에서의 방향성을 가지는 지역연구가 가져야 할 핵심적인 요소로 백원담은 관계론적 사고와 다층적인 접근을 제안한다(백원담, 2010).

이창남도 지역연구의 대상으로서 로컬을 논의하면서 로컬이 중층적이고 관계적인 특성이 있다고 본다. 아울러 그는 교통과 정보통신기술의 발달로 지역의 경계를 가로지르는 인구와 물자, 정보 등의 이동 규모가 급격히 증가하면서 지역의 경계가 점차 모호해져가는 상황에서 전통적인 지역연구의 방법론과 접근방법이 효력을 상실해가고 있음을 언급한다(이창남, 2009).

지역을 내·외부적인 복합적인 관계들이 얽혀 있는 복잡계로 이해해야 한다는 견해도 있다(권세은, 2004; 이근용, 2010). 권세은은 상호관계의 정도를 복잡계의 중요한 특성으로 판단한다(권세은, 2004). 현실세계에서 상호관계가 전무한 경우는 거의 없을 것이므로 실제로 복잡계는 상호관계의 복합성의 정도가 상당히 높을 때 나타날 수 있다는 것이다. 그에 따르면 복잡계 시스템은 계층적 구조 속에서 위계상 서로 다른 위치에 있는 구성요소들이 스스로의 자율성과 전체의 일부로서의 역할과 관련되는 부분성을 동시에 가지고 있다. 아울러 복잡계는 개방체계이며 내·외부의 요소들 간에 비선형적이고 복합적인 상호관계를 형성하고 있다. 더 나아가 복잡계는 그 자체로서 복잡화의 수준이 더욱 높아지는 자기조직화의 특성을 가지고 있다. 권세은은 복잡성 패러다임을 도입할 경우 현재 학제적 연구로서 제대로 된 정체성도 형성되지 않고 있는 지역연구가 성공적으로 안착할 수 있는 계기를 제공할 수 있다고 제안한다. 이와 같은 제안의 배경에는 복잡성 패러다임이 성격상 여러 학문 분야의 중간자적 위치에 있으므로 분야 간의 교류와 소통을 확대시킬 수 있다는 점과 부분론과 전체론 간의 유기적인 결합을 통해 소위 전체는 부분의 합보다 크다는 차원에서 지역을 자율성을 가진 구성요소들을 포함하는 하나의 전체로서 이해할 수 있는 틀을 제공해줄 수 있다는 점이 있다.

이러한 연구들이 지적하는 기존 지역연구 방법론의 문제점과 지향하는 방향을 고려할 때, 여러 가지 대안이 있을 수 있으나 여기서는 네트워크적 접근을 지역연구를 수행할 수 있는 효과적이고 포괄적인 대안으로 제안하고자 한다. 네트워크적 접근은 지역 혹은 지역 내 여러 대상에 대한 정적인 속성보다는 이들 대상 간의 혹은 대상과 지역, 그리고 지역과 지역 간의 네트워크를 통해 지역의 성격을 이해하고자 한다. 네트워크에서 형성되는 흐름의 속성상 이 접근은 동적이며 관계 중심적 시각을 반영한다. 관계를 중심으로 대상의 특성을 파악한다는 의미는 특정 대상의 속성을 그 자체의 속성을 통해서가 아니라 그 대상과 관계를 맺고 있는 대상이나 지역 혹은 지역들과의 관계 속에서 그 속성을 파악한다는 의미다. 따라서 특정 대상을 이해하고자 하는 시도지만 동시에 이와 관계를 맺고 있는 네트워크상의 다른 부분들도 같이 고려하게 됨으로써 그 자체만을 바라볼 때보다는 좀 더 포괄적이고 종합적인 시각을 견지할 수 있게 해준다. 네트워크적 접근의 이러한 특성은 특히 지역연구와 같이 그 대상의 속성이 너무 방대해서 모든 것을 고려하기 어려운 상황에서 특정 주제를 중심으로 이에 관계되는 부분들을 선별적으로 포함해 이해하고자 할 때 매우 유용한 방법론적 틀을 제공해줄 수 있다.

네트워크적 혹은 관계적 관점을 통해 지역을 바라보는 연구는 몇 가지 장점이 있다. 첫째, 이러한 관점은 여러 대상들과 요소들이 상호 유기적으로 연계되어 하나의 전체로서 형성되어 있는 지역의 구조를 이해하는 데 유용하다. 지역 내에서 보통 대상들과 요소들은 그 자체로서의 의미도 있지만, 다른 대상들 및 요소들과 형성하는 관계 속에서 좀 더 포괄적인 의미 파악이 가능하다.

둘째, 네트워크 관점은 지역을 입체적이고 동적으로 이해하는 데에 도움을 줄 수 있다. 지역 내 대상이나 요소들이 가지는 속성값(stock value) 중심의 파악이 특정 시점 혹은 일련의 정적 시점들에 대한 스냅샷과 같은 평면성과 정태성을 가지고 있는 데 비하여 네트워크적 접근은 네트워크상의 흐름, 특히 흐름의 방향과 영향관계, 효과 등에서 입체적이고 동적인 성격을 내포하고 있어 지역의 변화를 설명하기에 적합하다.

셋째, 네트워크적 관점은 지역에 대한 다중 스케일적 접근과 결합될 경우 다층적인(multi-layered) 구조를 띠는 지역성을 이해하기에 유용하다. 다양한 차원의 현상이 서로 다른 공간적 스케일에서 형성하는 지역의 영역은 현상들 속에 내재되어 있는 대상들 간 혹은 요소들 간의 네트워크를 파악함으로써 확인될 수 있으며, 이들 영역 내에서 일반화할 수 있는 부분들이 지역성이라고 할 수 있다. 이러한 일반화의 과정을 동일한 지역에 대해 다양한 공간적 스케일에서 적용하게 되면 복합적인 지역성을 규명하는 데 더 효과적이다.

네트워크적 관점에서 지역성을 종합적으로 규명하고자 하는 지역연구는 아직 찾아보기 어려우나 학문 분야별로 지역의 특정 대상 부문에 대해서 네트워크적 접근을 시도하여 지역을 특정한 차원에서 이해하고자 하는 연구들이 이루어지고 있으며, 최근 학계에서 네트워크 개념의 부각과 함께 그 수가 증가하고 있다. 여기에는 정치 분야에서의 국가, 지방정부 등이 형성하는 거버넌스 네트워크, 지식창출과 혁신활동을 중심으로 기업과 경제행위자들이 형성하는 경제 네트워크, SNS 등 소셜미디어의 확산과 함께 더욱 강화되어가는 사회 네트워크 이외에도 다양한 유형의 네트워크가 포함된다. 구글의 학술 검색에서 지역연구와 네트워크라는 키워드를 통해 얻을 수 있는 최근의 몇몇 연구의 예를 보면, 동북아지역 지방자치단체들 간의 협력 네트워크의 구축을 통해 하나의 지역으로서의 동북아 지역공동체의 건설을 지향하는 연구(이정남, 2006), 경기도 접경지역의 경제적 측면에서의 지역성을 규명하기 위해 기업들의 기업연계 및 혁신 네트워크의 공간적 특성을 분석한 연구(박삼옥·이현주·구양미, 2004), 우즈베키스탄의 사회주의 계획경제체제와 시장개방 이후의 씨족사회 지역의 변화를 사회 네트워크가 기능하는 방식의 변화를 통해 파악하는 연구(이상준, 2007) 등 다양한 연구물의 목록을 접할 수 있다. 연구들 중 특히 네트워크 도시 모형은 정치/행정적 거버넌스, 경제, 사회관계 등을 아우르는 비교적 포괄적인 네트워크 권역 개념으로 한국의 영남권 등을 대상으로 시론적 연구들(권오혁, 2009;

손정렬, 2015; 임석회·송민정, 2015; 최병두, 2015)이 진행되어왔다. 이러한 연구들은 비록 명시적으로 지역연구의 방법론으로 이용된 적은 없으나 특정한 지역, 특히 도시권의 지역성을 종합적으로 규명할 때 비교적 유용하게 활용할 수 있는 잠재력을 가지고 있다.

3. 네트워크 관점에서 본 아시아

아시아 지역연구를 수행하는 데 있어 네트워크적인 관점을 적용하는 것은 위에서 언급한 네트워크적 관점을 통해 지역을 바라보는 연구의 세 가지 장점을 감안할 때 적절하고 효과적인 대안이라고 생각한다.

먼저, 아시아 대륙은 오랜 역사를 가지고 있고 그 기나긴 역사의 과정 속에서 형성된 다양한 유형의 교류들로 인해 한 지역의 특성이 그 지역의 고유한 성격만으로는 충분히 설명되지 않는 경우가 많다. 오히려 많은 경우에 그러한 고유성과 함께 한 지역이 다른 지역들과 다양한 유형과 방식의 교류를 통해 고유의 총체적인 지역성을 형성하고 있다. 그러한 점에서 아시아는 상호유기적으로 연계되어 하나의 전체를 구성하는 지역의 특성을 가지고 있으며, 그 내부에서도 그와 같은 특성을 지니는 다양한 지역이 존재한다. 이러한 관계적 특성이 네트워크적 접근이 적합한 관점을 제공할 수 있는 이유다.

또 다른 측면에서, 아시아 대륙은 오랜 역사를 가진 지역이기도 하지만 비교적 최근의 세계화의 영향과 급속한 경제발전의 여파로 역동적으로 변화하고 있는 지역이다. 이와 같은 역동적인 지역에서 나타나는 변화의 주요 동인은 내부로부터의 요인도 있으나 타자들과의 관계 속에서 형성되는 외부 요인들이 중요하게 작용한다. 그러한 점에서 관계적 관점을 지향하는 네트워크적 접근은 변화의 주요 동인과 그를 통해 발현되는 아시아 지역의 역동성을 분석하기에 적합한 접근법이라고 볼 수 있다.

마지막으로, 아시아는 다른 대륙과 비교해볼 때 인구 면에서나 면적 면에서나 규모가 가장 큰 대륙이다. 이러한 대규모의 아시아의 내부 공간은 다양한 계층의 하위지역이 포함되어 있는 복합적인 지역구성체다. 공간적 스케일이 달라짐에 따라 형성되는 지역들은 공간계층적으로 일관성을 띠고 있는 경우도 있지만, 경우에 따라서는 거시적인 공간 스케일에서 형성되는 지역 간의 경계가 미시적 공간 스케일에서 형성되는 지역들에서는 접경지역의 존재 등으로 모호해지거나 아예 소멸되는 상황도 발생한다. 이와 같이 공간계층적인 차원에서 지역의 영역체계가 가지고 있는 일관성의 결여, 그로 인한 계층별 지역의 다양성, 이질성의 증대 정도는 평균적으로 볼 때 대상 지역의 규모가 크고 역사가 오래될수록 더 커진다. 그러한 점에서 다중공간적 스케일의 관점을 통해 네트워크적 접근으로 아시아 지역을 바라보는 것은 한편으로 유사하면서도 다른 한편으로는 이질적인 복잡다단한 아시아의 지역성을 종합적으로 규명하는 데 중요하다고 할 수 있다.

네트워크적 관점을 도입하여 아시아를 바라볼 수 있는 대상은 여러 가지가 있으나, 이 책에서는 크게 세 가지 유형의 네트워크를 통해 아시아 지역을 조망했다. 이들은 각각 인구 네트워크 속에 내재된 인구 동태와 사회적 영향, 도시 간 네트워크상에서 드러나는 경제적 연계, 그리고 국가 간 네트워크를 통해 나타나는 국제질서다. 이 세 가지 대상은 그림 1-1에서와 같이 각각 사회(혹은 인구)와 경제, 그리고 정치(혹은 국제정치)를 주 대상으로 삼고 있고, 네트워크의 구성 주체를 기준으로 보면 각각 사람, 도시, 국가로 구성된다고 볼 수 있다.

공간적인 차원에서 볼 때 영역성을 기준으로 세 유형의 네트워크 주체들은 차별화된 양상을 보인다. 공간적으로 가장 미시적인 수준에

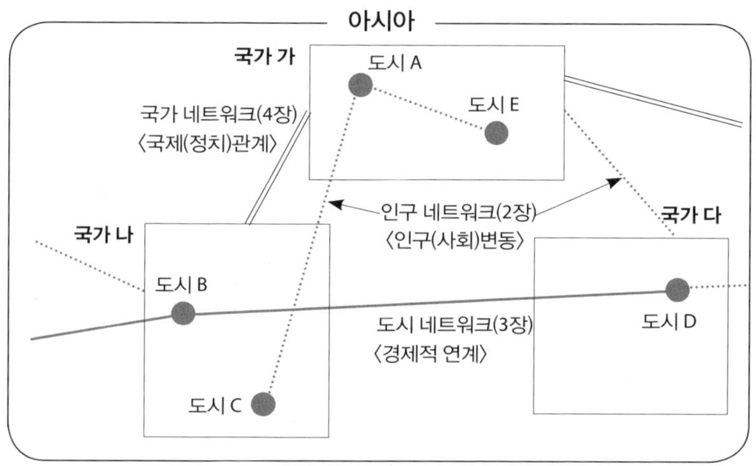

그림 1-1. 연구대상의 주제와 네트워크 구성 주체에 따른 분류

서의 의사결정은 사람, 즉 인구의 개별 구성원인 개인에 의해 이루어진다. 개인이 모여서 집단을 이루게 되는데 공간적인 영역성을 가진 집단은 다양한 유형의 지역[예를 들면, 등질 지역, 기능(또는 결절) 지역, 토착 지역 등(Rubenstein, 2005)]을 중심으로 공간적인 경계를 형성하고 있다. 크고 작은 다양한 유형의 지역은 인간의 정주체계를 구성하는 개별 공간단위라고 볼 수 있는데, 산업혁명의 시기로부터 출발하여 제조업이 본격 궤도에 올라서고 또 20세기의 세계화 과정과 21세기의 정보화 과정을 거치면서 도시는 인류의 대표적인 집단거주 공간단위, 즉 지역으로 자리매김을 하게 된다. 도시와 그 배후지가 공간상에서 하나의 기능 지역 혹은 결절 지역을 형성한다면, 이들이 구성하는 다계층적인 공간조직은 많은 경우에 국가의 터전인 영토를 구성하는 부분집합들이다. 영토공간을 대표하는 국가는 공간상에서 가장 상위의 주체다. 물론 국가보다 상위 개념으로 일군의 국가들을 아우르는 지역, 권역 등의 공간 개념이 있으나 이들은 앞에서 언급한 세 가지, 즉 사람, 도시, 국가와는 다르게 독

자적인 주체로서 능동적으로 발휘할 수 있는 거버넌스를 가지고 있지 않다. 다시 말해 사람, 도시, 국가는 자체적인 거버넌스의 주체로서 가장 미시적인 공간 스케일에서부터 가장 규모가 큰 공간 스케일 사이에서 가장 대표적인 대상들을 아우르고 있는 것이다.

그림 1-1에서 볼 수 있듯이 이 책에서 소개하는 세 가지 주제는 서로 다른 공간 스케일에서 각각 다른 주제와 다른 네트워크 구성 주체들을 다룸으로써 아시아에 대한 일반적 지역연구에 비해 아시아 지역이 가지는 다면적 특성을 이해하고 이를 토대로 아시아의 현재를 좀 더 정확하게 진단하는 데 매우 효과적일 수 있다.

아래에서는 이 책의 본론에 해당하는 2장부터 4장에서 다루는 내용을 간략히 정리했다.

1) 인구 네트워크: 인구 네트워크의 관점에서 본 동북아, 아세안 지역의 인구동태와 그 사회적 영향

2장(박경숙)에서는 열린 그리고 연결된 네트워크적 관점에서 동북아 및 아세안 지역의 인구현상과 그 사회적 영향을 파악하고 이에 따른 대응과제를 새롭게 정립할 것을 제안한다. 이 장에서 바라보는 인구현상은 글로벌-로컬 차원이 중첩되어가면서 지정학적 의미가 커지고 있다. 특히 동북아와 아세안 지역은 인구와 경제 구조가 급변하는 지역으로 향후 아시아권에서, 더 나아가 범세계적으로도 정치, 경제, 문화, 사회 공동체의 허브가 될 수 있는 지리인구적 특성을 가지고 있다. 이 장은 인구동태와 사회발전에 대한 기존의 폐쇄적인 일국 중심의 시각에서 벗어나 민족, 문화, 역사적 다양성과 유동성을 지닌 동북아 및 동남아시아 지역의 인구동태를 파악하는 것을 목적으로 한다.

맬서스(T. R. Malthus)의 『인구론』 이후 현재까지 인구현상에 대한 인식과 연구방법을 지배한 관점은 항상성과 방법론적 국가주의 관점이었다. 하지만 이러한 접근방식은 고령화, 저출산, 세대 갈등, 지역 간 인구분포의 불균형, 인구구성의 다양화 등 복잡화, 불균형화가 진행되는 인구현상을 파악하고 이에 적절한 거버넌스 대응을 하는 데는 한계가 크다. 그러한 부분을 극복하는 차원에서 네트워크 관점을 통해 인구현상에 대한 인식의 지평을 확대하는 것은 중요한 의미가 있다. 기존의 인구 현상과 정책적 관심이 일국 중심의 발전, 안전, 동화에 초점을 두었다면, 인구현상에 대한 네트워크적 관점은 글로벌-로컬 차원에서의 인구 현상과 경계의 다차원성, 상호침투성에 주목하고, 글로벌-로컬 차원에서 인구동태와 정치, 경제, 사회, 문화 등의 조건들이 중층적으로 연결되는 현상을 규명하고자 한다.

최근의 한국사회는 전 세계적으로 유래를 찾기 힘들 정도로 낮은 출산율과 급속한 고령화를 경험하고 있다. 이에 따라 저출산 고령화가 왜 발생하는지, 그리고 이러한 현상의 사회경제적 영향은 무엇인지에 대한 관심이 고조되고 있다. 2000년대 들어 시행되고 있는 저출산 고령사회 정책은 출산의 사회적 책임, 일가족 양립 지원, 청년층의 생활 지원, 양성평등, 노년의 삶의 질 제고, 성장 동력 유지 등 어젠다를 인구정책에 통합하는 비전을 가지고 추진되어왔으나, 그럼에도 저출산, 젠더 불평등, 노년의 빈곤, 불평등, 소외 등의 문제는 개선되지 않고 있는 실정이다. 이는 이들 문제에 대해 좀 더 구조적이고 근원적인 대응이 필요함을 의미한다. 저출산 고령화는 한국사회의 발전과 삶의 질에 근본적인 질문을 제기한다. 한국사회의 급속한 경제성장과 인구변천은 한국사회 발전의 모순, 즉 개발도상국의 롤모델로서의 급속한 경제성장과 발전을 이룬 경험과 다른 한편에서는 사회의 지속가능성을 위협하는 급격한 인구변천 과정이 매우 짧은 시간에 교차하여 진행되고 있음을 단적으로 보여준다.

한국사회의 미래는 이러한 모순의 실체를 정확히 파악하고 이에 적절한 대응을 하는 데 달려 있다. 그 과정에서 일국 중심, 생산 중심, 위계적인 시민권에 기반한 성장 모델은 다양한 층위에서 불균형과 불평등을 심화하며 지구적 지속가능성을 훼손할 수 있다는 점이 인식되어야 한다. 이러한 문제의식 아래 2장에서 제안하는 대안은 열려 있고 연결된 인구 네트워크 관점에서 인구현상을 이해하고 이에 따른 대응과제를 새롭게 정립하는 것이다. 다시 말해, 글로벌-로컬 층위에서 인구의 동학과 구조가 연계, 변형, 창조적으로 변화되는 현상을 규명하고 이와 같은 인구현상의 연결에서 심화, 확대될 수 있는 경제, 젠더 불평등의 기제들과 균형적이고 협력적인 인구 네트워크를 유지할 수 있는 거버넌스의 과제를 제안한다.

2) 도시 네트워크: 아시아 도시 네트워크에 대한 두 가지 관점

3장(권규상·손정렬)에서는 아시아의 도시 네트워크를 일반적인 도시 간 경제적 연계의 정도를 통해서 파악한 네트워크와 전략적 연계의 특성이 반영되어 있는 네트워크라는 두 관점에서 고찰한다. 서두에서 세계화에 대한 논의로부터 출발한다. 많은 학자가 공통적으로 지적하는 바와 같이 세계화를 한마디로 정의내리기는 쉽지 않다. 이는 이 개념 속에 경제적 측면뿐만 아니라 사회, 문화, 정치적 측면에서 서로 다른 접근과 이해가 이루어지고 있기 때문이다. 그럼에도 세계화의 본질에 대해 두 가지 측면에서 공유되고 있는데, 이는 교통 및 정보통신기술의 발달에 따른 전 지구적 상호의존성 증대와 생산, 분배, 소비의 국제화다. 이와 같은 두 가지 특성이 결합되어 작용하면서 현대사회의 경제공간은 역동적인 변화를 거치게 된다. 초기 세계화론자들은 그러한 변화가 지리적 제약과 이질성이 소멸되는 경제공간으로의 변화를 유도할 것이라고 예측하기도 했으나 오히려 세계화가 진전될수록 고유한 장소로서의 도시와 지역의 중요성은 더욱 부각되고 있다. 특정 현상들이 공간상의 특정 장소를 중심으로 발생한다는 점은 이를 설명하기 위한 새로운 이론과 접근방법이 필요함을 의미한다.

1980년대 이후 이러한 변화를 설명하기 위한 다양한 논의가 지리학과 사회학 분야를 중심으로 제기되기 시작했다. 초기에 프리드만(J. Friedmann)과 사센(S. Sassen)에 의해 체계적인 이론 틀을 갖춘 세계도시론을 바탕으로 스코트(A. J. Scott)가 제안한 세계 도시지역의 개념이 발전되었다. 10여 년 전부터는 글로벌 상품/가치사슬, 글로벌 생산 네트워크, 세계도시 네트워크 등 네트워크의 개념을 활용하여 전 세계 주요 도시와 지역 간 상호연계를 통해 실질적인 경제활동이 수행되고 있다는 점이 강조되어왔다. 주요 도시와 지역들 간의 상호연계를 통해 경제가 성장한다면 아시아는 그러한 연계 속에서 어떻게 성장해왔을까?

1990년대까지 신흥공업국이라 불리는 주요국들을 중심으로 급속한 경제성장을 보이다가 1998년 동아시아 위기로 침체를 맞았던 아시아는 2008년 미국발 글로벌 금융위기를 전환점으로 하여 중국을 필두로 새롭게 도약 중이다. 하지만 아직까지 아시아가 세계경제 속에서 어떠한 위치에 있는지, 그리고 세계경제의 조직과 그 변화가 세계도시들을 중심으로 형성된다고 할 때 아시아 도시들 간의 관계가 전 세계 도시들과의 관계 속에서 어떻게 변화하고 있는지 밝혀진 바는 별로 없는 실정이다. 그러한 관점에서 3장은 글로벌 금융위기 이전과 이후의 변화에 초점을 두면서 세계 속에서 아시아 도시가 어떤 네트워크 특성을 지니며 발전해왔는지를 탐색해보고자 한다. 아시아 전체를 대상으로 한 이러한 도시 네트워크의 형성과 변화 과정의 탐색을 통해 세계경제에서 아시아의 부상을 도시 네트워크의 관점에서 해석하고자 한다.

아시아 도시 네트워크는 일반적으로 도시 간 연결 흐름의 양으로 파악할 수 있는 네트워크와 전략적 네트워크를 구분하여 고찰한다. 전략적 네트워크는 단순히 대도시 간의 흐름으로만 판단할 수 있는 것이 아니라 다양한 네트워크 연결 요인들에 의해 실제 두 도시가 보여줄 수 있는 연결 수준을 넘어선 고유하고 독특한 연결이 존재하는지를 확인함으로써 판단할 수 있다.

3) 국가 네트워크: 네트워크로 본 동아시아 국제질서

4장(김상배)에서는 동아시아 국가들에서의 협력과 갈등 양상을 고찰하고 이를 바탕으로 동아시아 네트워크의 미래를 조망하며, 특히 그 네트워크 속에서 한국의 전략과 과제를 확인한다. 이 장에서는 먼저 아시아 패러독스라는 개념을 소개하면서 동아시아 지역을 특성화한다. 이 개념은 동아시아 역내 국가들 사이에 상호간 경제적 협력의 정도는 계속 높아지는 데 비해 안보와 관련된 정치군사적 협력은 그렇지 못한 양자 간의 괴리현상을 지칭한다. 이는 유럽 국가들 간의 관계와 비교해볼 때 매우 특징적인 현상이며, 이 개념의 사용 이면에는 경제적 상호협력의 수준에 부합하는 정치적 협력을 끌어냄으로써 동아시아 지역의 국가 간 갈등을 해소하고자 하는 의도도 있다고 볼 수 있다. 현재까지 동아시아에서 추진되어온 지역협력의 시도들은 선언적인 수준을 넘지 못해왔고, 국가 간 제도적 차원에서의 협력이 있었더라도 포괄적 협력 구상 정도에 머물러왔다. 이는 이 지역에서 실질적인 지역공동체를 형성하는 데 필요한 물적 혹은 사회적 여건이 성숙되지 않았기 때문이며, 이를 위해서는 지역정체성에 대한 지역 내 국가들 간의 합의와 글로벌 패권 및 지역 내 세력 간의 역관계 등 여러 가지 고려해야 할 요인들이 있다.

현재 동아시아 국가 모델은 부국강병을 추구하는 19세기형 국민국가 모델이나 국가 주도의 경제발전을 추진하는 20세기형 발전국가 모델에 머무르고 있다. 그러다 보니 이러한 국가 모델을 바탕으로 해서 전개되는 국제정치구도가 협력보다 경쟁의 양상으로 나타나는 것은 필연적인 흐름이다. 이러한 일국 중심의 국가전략은 민족주의 정서와 맞물려 표출되고 있는데, 동시에 한쪽에서는 동아시아 지역협력과 공동체 구상 등이 제기되는 등 협력의 비전과 갈등의 현실이 공존한다. 이와 관련하여, 공동체라는 21세기 꿈과 근대 국민국가 모델이라는 19세기 현실의 모순적 병존은 어떻게 이해해야 하는지, 이러한 동아시아 네트워크 속에서 한국의 위상은 어디인지, 아울러 한국의 생존전략은 무엇인지, 동아시아 네트워크의 평화와 번영을 위하여 한국의 기여는 무엇인지 등 다양한 질문이 제기되고 있다.

이와 같은 질문들에 대한 개념적인 수준의 답을 찾기 위해 4장에서는 네트워크 이론을 국제정치학에 원용한다. 국민국가라는 노드 행위자의 속성이나 이들이 보유한 자원에 기초하여 국제정치를 설명해온 기존의 주류 국제정치이론의 한계를 비판하면서 여기서는 네트워크의 세계정치이론을 시도한다. 특히, 이 장은 사회학 이론과 국제정치이론에서 거론되는 삼분법, 다시 말해 공동체, 사회, 체제의 스펙트럼에 대한 논의의 연속선상에서 동아시아 국제질서의 구성원리와 작동방식을 개념화하고자 네트워크의 이론을 활용했다.

이 장에서는 이와 같은 관점을 적용하여 현재 진행 중인 동아시아 국가들 간의 협력의 현주소를 진단하고 그 이면에 있는 갈등 요소를 분석한다. 특히 네트워크 관점으로 바라본 동아시아의 미래를 세 가지 측면에서 관찰한다. 먼저, 협력의 비전으로서 동아시아 공동체 담론의 출현과 그 한계를 검토하고, 다음으로 갈등의 현실로서 동아시아 국가들의 행보와 대중 차원의 민족주의를 지적하며, 마지막으로 동아시아의 미래를 모색하는 한 방편으로 다층적인 네트워크의 부상과 그 의미를 고찰한다.

이상의 논의를 바탕으로 동아시아 네트워크 속에서 한국의 위상을 진단한다. 네트워크를 통해 동아시아를 바라보고자 하는 시도는 단순히 협력의 비전으로서만 보는 낙관론이나 갈등의 비전으로서만 보는 비관론을 넘어, 협력, 갈등, 그리고 경쟁의 비전이 복합되어 있는 동아시아의 현실을 입체적으로 파악할 수 있다는 점에서 중요한 의미를 찾을 수 있다.

참고문헌

권세은, 2004, 「지역연구의 패러다임으로서 복잡성에 대한 시론」, 『국제지역연구』 8(1): 127-151.

권오혁, 2009, 「네트워크도시의 이론적 검토와 동남권에의 적용 가능성에 관한 연구」, 『한국경제지리학회지』 12(3): 277-290.

김지영, 2012, 「관계적 배태성 이론을 적용한 백화점 패션 샵마스터와 고객의 장기 관계지 향성에 관한 연구」, 중앙대학교 박사학위 논문.

김태현·정현기, 2015, 「공급네트워크 구조가 공급자 성과에 미치는 영향에 관한 연구: 한국 자동차부품산업 사례를 중심으로」, 『로지스틱스 연구』 23(3): 1-22.

박삼옥·이현주·구양미, 2004, 「접경지역 연구: 접경지역 기업의 연계 및 네트워크의 공간적 특성」, 『한국경제지리학회지』 7(2): 227-244.

백원담, 2010, 「아시아 지역연구의 문화정치학적 전환 문제」, 『중국현대문학』 55: 127-162.

손정렬, 2011, 「새로운 도시성장 모형으로서의 네트워크 도시: 형성과정, 공간구조, 관리 및 성장전망에 대한 연구 동향」, 『대한지리학회지』 46(2): 181-196.

손정렬, 2015, 「영남권 도시들 간의 상보성 측정에 관한 연구: 네트워크 도시 접근」, 『한국지역지리학회지』 21(1): 21-38.

엄구호, 2012, 「한국의 중앙아시아 연구 동향」, 『아시아리뷰』 2(1): 121-152.

이근용, 2010, 「디지털 네트워크 시대 지역방송의 사회적 역할」, 『방송과 커뮤니케이션』 11(1): 49-88.

이상준, 2007, 「우즈베키스탄의 씨족과 사회 네트워크」, 『슬라브학보』 22(2): 309-339.

이정남, 2006, 「동아시아 협력 네트워크와 지방의 역할」, 『국제지역연구』 9(4): 279-305.

이지은, 2011, 「남아시아연구 리뷰: 현황과 과제」, 『아시아리뷰』 1(1): 145-169.

이창남, 2009, 「글로벌 시대의 로컬리티 인문학: 개념과 과제를 중심으로」, 『로컬리티 인문학』 1: 75-106.

임석회·송민정, 2015, 「영남권 사회문화적 연계의 지역구조」, 『한국지역지리학회지』 21(1): 62-78.

정명호·오홍석, 2005, 『휴먼 네트워크와 기업경영』, 삼성경제연구소.

최병두, 2015, 「네트워크도시 이론과 영남권 지역의 발전 전망」, 『한국지역지리학회지』 21(1): 1-20.

피네이루, 클라우디우 코스타, 2016, 「라틴 아메리카에서 바라본 아시아 세계: 아시아 지역학의 과거, 현재 그리고 미래」, 『아시아리뷰』 6(1): 405-423.

허우긍·손정렬·박배균 편, 2015, 『네트워크의 지리학』, 푸른길.

황동연, 2011, 「냉전시기 미국의 지역연구와 아시아 인식」, 『동북아역사논총』 33: 15-56.

Castells, M., 1996, *The Information Age: Economy, Society and Culture,* Volume 1: *The Rise of the Network Society*, Blackwell.

Markusen, A., 1996, "Sticky places in slippery space: A typology of industrial districts," *Economic Geography* 72(3): 293-313.

Meijers, E., 2005, "Polycentric urban regions and the quest for synergy: Is a network of cities more than the sum of the parts?" *Urban Studies* 42(4): 765-781.

Rubenstein, J. M., 2005, *An Introduction to Human Geography: The cultural landscape*, Pearson Prentice Hall.

van Schendel, W., 2002, "Geographies of knowing, geographies of ignorance: Jumping scale in Southeast Asia," *Environment and Planning D: Society and space* 20(6): 647-668.

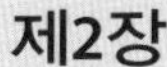

제2장

동북아와 아시아의 인구 네트워크와 사회문화적 영향

박경숙(서울대학교 사회학과)

1. 머리말

주지의 사실이듯이 한국사회에서는 세계에서 그 유례를 찾을 수 없을 정도로 낮은 출산율과 고령화 현상이 급속하게 확대되고 있다. 이러한 저출산 고령화가 경제 저성장을 심화하고 삶의 질에 부정적인 영향을 미칠 것을 우려하고 있다. 지금의 저출산 고령화 상태가 지속된다고 가정할 때 한국의 미래 인구는 매우 빠르게 감소한다는 것도 비관적 인구론에서 빠지지 않는 대목이다.

정부는 저출산 고령화의 여러 사회적 과제에 대응하기 위하여 종합적인 정책을 세우는 데 노력하고 있다(이삼식 외, 2009; 이삼식, 2015; 대통령직속 저출산고령사회위원회, 2006). 1961년 경제개발계획과 함께 시작되어 1996년에 공식적으로 폐기된 인구정책이 가족계획과 경제발전(생산 증가)에 초점을 두었다면, 2005년 이후 지속되고 있는 '저출산 고령사회정책'은 출산의 사회적 책임, 일가족 양립 지원, 청년층의 생활 지원, 양성평등, 노년의 삶의 질 개선, 성장 동력 유지 등의 종합적인 어젠다를 인구정책으로 포함하고 있다. 그럼에도 저출산 문제는 개선되지

*자료 수집과 분석에 도움을 준 서울대학교 사회학과 대학원생인 김이선, 권오재님께 감사드립니다.

않고, 저출산의 원인으로 지목되는 청년들의 삶의 붕괴와 일과 가족 생활의 부담, 젠더 불평등 등은 크게 개선되지 않고 있으며, 노년의 빈곤과 소외 문제도 별로 개선되지 않고 있다(정성호, 2012; 2015). 또한 저출산 고령화 인구현상에 배태된 사회구조와 삶의 문제는 크게 개선되지 않고 인구만을 문제로 인식함으로써 개인의 자율성을 통제하는 과거의 국가주의적인 인구정책의 프레임에 갇히는 부분도 우려된다. 이렇게 '저출산 고령사회정책'에서 다양하게 제시하고 있는 정책들이 실효성을 얻지 못하는 것은 저출산과 고령화 현상에 대해 좀 더 근본적인 대응이 필요하다는 것을 시사한다.

한 사회의 발전은 1인당 GNP와 같은 재화와 생산의 크기가 증가하는 것뿐만 아니라, 그런 재화가 국민의 삶의 질을 향상시키는 데 실질적으로 미친 영향을 고려한 한층 더 광의의 사회적·개인적 차원을 포함한다. 한 사회에서 개인이 누릴 수 있는 삶의 질은 기본적인 경제생활의 유지뿐만 아니라 사회 구성원 개인들이 주체적인 역량을 발전시키고 사회에 참여하는 상태를 고려한다. 이렇게 복합적이고 다차원적인 발전 조건으로 확장된 삶의 가치를 객관적으로 분석하기 위해 구성된 사회지표의 항목들도 초기에는 주로 경제적인 생활수준이나 그에 직접적으로 연관된 삶의 조건에 초점을 두었다면, 최근으로 올수록 민주주의, 불평등, 사회통합, 행복감을 삶의 질과 사회발전의 중요한 지표들로 포함하고 있다.

한국사회는 경제적 빈곤을 극복하고 경제발전을 이룩하여 경제적 도약을 꿈꾸는 여러 개발국 사회의 성공적인 발전 모델로 인식되고 있다. 하지만 경제발전의 논리가 심화될수록 불평등이 심화되고 인간의 존엄성이 위협받으며 급기야 사회의 지속가능성이 우려되는 인구구조의 불균형 현상을 경험하고 있다. 요컨대 저출산 고령화는 한국사회가 추구해왔던 발전과 삶의 질에 근본적인 질문을 제기한다. 한국사회가 당면한 불평등과 인구재생산의 위기는 개인의 삶의 질이 경제발전과 함께 좀 더 나은 조건에서 균형 상태를 이룬다는 경제발전주의적 인구론의 대명제를 무효화할 수 있는 수준에 이르렀다.

인구는 사회발전의 중요한 자산이고 자연, 기술, 정치, 경제, 사회, 문화적 환경과 상호작용하는 생명작용이다. 달리 말해 인구현상에는 개개인의 미시적인 삶과 개인의 실존을 충만하게 혹은 억압할 수 있는 사회구조의 특징이 배태되어 있다. 한국사회의 미래는 한국사회 발전 과정에 내재한 모순의 실체를 정확히 파악하고 적절히 대응하는 데 달려 있다. 요컨대 발전의 논리가 어떻게 모순적인 관계에서 인구 및 사회 구조의 불균형 현상을 초래했는지, 그 원인에 대한 근본적인 이해가 절실한 시점이다. 일국 중심, 경제적 효용과 생산 중심, 위계적인 시민권에 기반한 발전 모델이 계급, 젠더, 국적의 다양한 층위에서 불균형과 불평등을 심화하고 사회의 지속가능성과 삶의 질을 위협하는 상황들을 냉철하게 판단해야 한다. 그리고 삶의 질과 지속가능한 발전을 위한 대안적 발전 모델과 실천 과제를 세워야 한다.

이러한 문제의식에서 제안하고 싶은 것은 인구 네트워크 관점에서 인구현상을 인식하고 대응 과제를 새롭게 정립하는 것이다. 맬서스의 『인구론』 이후 2세기가 넘는 지금까지 인구현상에 대한 인식, 연구방법, 그리고 인구에 대한 사회정책적 관심을 지배한 관점은 경제적 효용과 국가통치의 관점에서 인구의 영향을 파악하고 인구를 조정하는 것이었다. 이러한 기존의 논의들은 지나치게 일국 중심의 경제적 효용과 성장에 관심이 치우쳐 인구현상에 배태된 좀 더 복합적인 정치, 경제, 문화, 생명 현상의 주관적인 의미를 간과했다. 또한 인구구조의 불균형, 증가하고 있는 국내외 이동, 점차 다양화되는 인구구성 등 복잡해지고 불균형적인 인구현상을 파악하고 적절한 대응을 마련하는 데 한계가 있다.

한편 인구현상의 인식과 대응에 대한 네트워크적 관점은 글로벌-

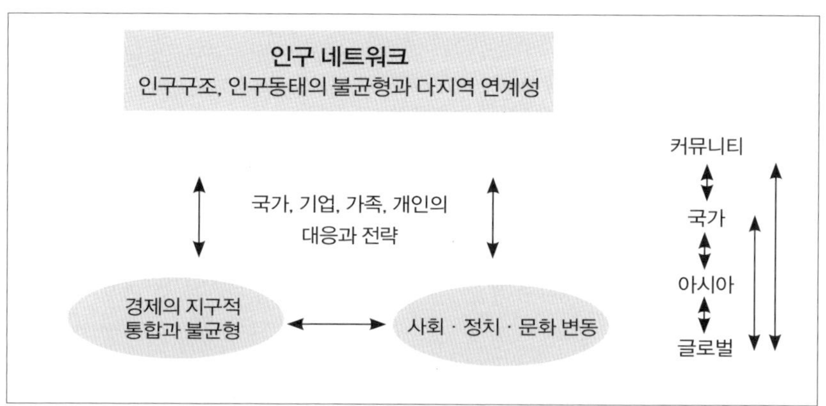

그림 2-1. 인구현상의 네트워크와 그 사회적 영향

로컬 차원에서 인구현상과 경제요인의 다차원적 관계와 상호침투성에 주목하고, 인구동태와 정치, 경제, 문화 조건이 중층적으로 연결되는 현상을 밝히는 틀을 제공할 수 있다(그림 2-1). 인구현상은 점차 글로벌-로컬 차원이 중첩되어 지리·정치·경제·문화적 의미가 중요하게 변하고 있다. 기존의 인구 통치와 정책적 관심이 일국 중심의 발전, 안전, 균형에 초점을 두었다면, 네트워크적 관점은 글로벌-로컬 차원에서 국가, 시민사회, 경제조직, 개인 등 다양한 행위자가 상호작용하면서 갈등하고 협력하면서 발전과 불평등에 영향을 미치는 구조와 행위의 상호작용에 주목한다. 인구현상과 대응의 네트워크적 관점은 또한 지구화 시대 통합, 공생, 지속가능성의 과제와 실천 방안을 구체화하는 패러다임을 제공할 수 있다.

이 글은 네트워크적 관점에서 인구의 동학과 구조가 연계, 변형, 창조적으로 변화되는 현상을 강조하고, 이러한 인구현상의 네트워크화에서 심화되는 사회 불평등의 기제들을 구체화하고 지속가능한 발전을 위한 과제들을 제안하고자 한다. 특히 향후 정치, 경제, 문화, 사회 공동체의 중요한 허브가 될 수 있는 동북아와 아세안 지역을 중심으로 인구 네트워크 현상과 그 사회적 영향을 전망하고자 한다. 이어지는 글의 구성은 다음과 같다. 2절에서는 기존의 인구론과 대비되는 패러다임 전환으로서 인구현상에 대한 네트워크적 인식과 대응방식의 특성을 정리한다. 3절에서는 동북아와 아세안 지역의 주요 인구 특성과 네트워크화 현상을 경험적 자료를 통해 살펴본다. 4절에서는 인구 네트워크와 중첩된 사회구조적 변동의 영향을 발전, 젠더와 가족, 성원권의 이슈를 중심으로 간략하게 고찰한다. 5절에서는 인구 네트워크가 지속가능한 발전에 미치는 영향과 관련하여 정책적 과제들을 전망해본다.

2. 인구현상의 인식과 대응의 패러다임적 전환

이 연구가 제안하고 있는 네트워크 관점은 인구현상의 인식과 대응의 패러다임적 변화를 의미할 수 있다. 네트워크 관점은 현상의 연결, 흐름, 이동, 혼성적 정체성, 역동적이고 탈영역화된 속성을 강조한다(박배균, 2015: 271). 이런 네트워크 관점은 다양하고, 불균형적이고, 창조될 수 있는 인구동태를 적절하게 인식하고 균형적인 인구동태의 방향을 수립하는 데 중요한 관점과 방법이 될 수 있다. 인구현상에 대한 네트워크 관점의 중요한 특징은 다음과 같이 정리할 수 있다.

첫째, 인구의 지정학적 경계의 다차원성과 상호침투성에 주목한다. 인구는 지정학적 경계를 가진다. 그리고 기존의 인구 패러다임은 지정학과 인구동학의 경계에서 국가 단위의 폐쇄성을 암묵적으로 전제했다. 인구동태를 분석하는 방법론에서도 일국 중심의 관점이 지배적이었는데, 폐쇄적인 단일 지역이나 국가 수준에서 인구 규모와 분포의 변화는 이동보다는 주로 출산과 사망 수준에 영향을 많이 받는 것으로 이해된다. 국가 수준의 장래인구추계에서는 이동의 효과를 항상적이거나 제한된 것으로 가정하는 경우가 많다. 이동을 고려할 때에도 단일 지역의 인구 추정이 다른 지역의 인구분포에 영향을 받지 않는다고 가정하면서 출산율과 사망률, 순이동률에 기초하여 각 지역의 인구를 추정하게 된다. 이런 폐쇄성이나 지역 간 독립을 가정한 인구추정은 실제 인구동태가 다양한 지리적 공간 사이에 서로 영향을 주고받는 결과임을 간과하며 비현실적인 추정 결과에 이르는 경우도 적지 않다(Rogers, 1995; 박경숙, 2017).

실제 인구동태의 경계는 정치·문화적인 영향에서 국가 경계를 넘을 수도 있고, 국가보다 작은 경계에서 구성될 수 있다. 또한 국가 단위로 인구현상이 일정하게 수렴됐던 것은 근대국가에 의한 인구 통치가 강화됐던 역사적 맥락 때문일 수 있다. 20세기는 사람들의 생활터전의 경계가 국민국가로 뚜렷하게 완성되는 시기였다. 그러나 21세기 들어 국가 경계를 초월하거나 경계 자체를 융해하는 힘이 점차 커지고 있다. 그에 따라 인구현상도 기존의 국가 단위에서 조직된 생활양식의 틀을 벗어나고 있다. 이러한 변화는 유럽, 아시아, 아프리카 지역 등에서 개별적으로 진행되는 것처럼 보이지만 서로 밀접히 연관되어 일어나고 있다. 특히 저출산과 수명 연장에 따른 인구구조의 불균형과 자본과 노동 흐름의 지구화에 수반된 이주 현상의 증가는 다층적인 삶의 양식과 지역의 다양성을 유발하고 있고 인구구성과 경계를 다변화시키고 있다. 혈연 중심, 국가 중심, 상주인구 중심으로 편제되었던 인구의 경계가 다양한 문화적 배경과 생활양식을 가진 사람들로 구성된 유동적 경계로 변하는 것이다. 네트워크 관점은 이처럼 인구구조가 점차 다원화되고 불균형해지고 인구동태가 국가 수준을 넘어 다양한 글로벌-로컬 층위에서 서로 연계되어 전개되는 상황을 파악하게 한다.

둘째, 인구 네트워크 관점은 인구변천의 다양성에 주목하게 한다. 인구변천의 양상과 원인에 대하여 기존의 고전경제학적 논의들이나 근대화론은 균형, 수렴, 확산의 특성을 강조했다. 인구변천은 인류사회의 커다란 혁신이고 보다 효율적인 수준에서 인구가 균형 상태로 이행하는 것이라고 인식해왔다(Livi-Bacci, 2012). 발전과 더 나은 진보와 균형으로 이행할 수 있는 힘이 서구를 중심으로 확산된다는 논의는 한국사회를 포함한 여러 개발도상국에서 핵심 쟁점이었던 근대화론의 요체이기도 했다. 그러나 인구변천의 양상은 훨씬 다중적인 의미를 가진다. 지역에 따라 인구변천은 기존의 생활방식을 송두리째 파괴하고 자원의 불균형을 더욱 심화하는 방식으로 전개되기도 했다(김영정, 1993; De Haas, 2007; Portes, 2006). 노동이주에 대해 대체로 신고전주의 논의는 임금격차와 개인의 합리적인 선택을 강조하지만, 그런 개인적인 행위가 선택되고 그 수행 결과가 상이한 사회구조적 맥락을 간과한다. 서구 중심의 근대화론의 시각이 여러 지역에 토착화되는 과정에는 굴절, 변형, 창조의 과정이 수반됐다. 이는 사회발전의 성격이 시장뿐만 아니라 국가정책, 계층구조, 시민사회의 복합적인 특성 속에서 다양하게 형성될 수 있음을 시사한다.

인구 네트워크 관점은 이러한 동시적·비동시적·이질적인 조건들이 어떻게 다양한 시공간의 층위에서 배열되고, 관계되고, 지속되고, 다시 변화되는지 주목하게 한다. 또한 네트워크 관점은 다양한 행위자가 불균형적인 구조에서 어떻게 삶의 기회를 획득하고 안전을 도모하는 전략을 수행하는가에 집중하게 한다. 이는 구조의 영향을 지나치게 강조하고 주체의 역동성을 간과하는 신마르크스주의나 종속이론의 결점을 보완하는 효과를 가진다. 신마르크스주의 이론은 중심부에 의해 주변 사회가 통합될 때 주변 사회가 독립적인 경제력을 상실하고 자생 기업을 보호하는 데 실패하며, 점차 거대한 해외 자본을 위한 잠재노동력으로 전환되는 현상에 주목한다. 고도산업국가에 의한 주변국의 침투와 그로부터 발생한 구조적 불균형으로 말미암아 상대적 박탈감을 느

낀 개인들이 결국 이주를 하게 됨을 강조한다. 한편 국제적인 노동 분업과 해외투자와 국제이주가 펼쳐지는 상황에서 과거의 국가, 시장, 개인의 전략들이 일방적으로 와해되는 것이 아니라 다양한 시공간의 층위에서 국가, 시장, 개인의 전략들이 변화해가는 과정과 조건을 구체적으로 주목해야 한다.

셋째, 인구 네트워크 관점은 인구현상이 정치, 경제, 문화 환경이 글로벌-로컬 수준에서 그리고 젠더 관계, 계급, 시민권의 교차 속에서 중층적으로 그리고 다양하게 형성되는 것에 초점을 둔다. 저출산, 가족문화의 변화, 이동, 장수, 돌봄체계의 변화, 인구 경계의 변화가 일어나는 정치, 경제, 문화적 환경은 더는 국가 단위에 한정되지 않고 글로벌-로컬 환경과 연결되어 있다. 개인의 이주 네트워크, 기업의 생산연계, 노동력 이주/송출 에이전트의 다국적 네트워크, 이주와 상호작용하는 문화 네트워크의 확장 등, 개인, 조직, 노동, 생산, 문화 차원의 상이하고 다층적인 네트워크가 작용할 수 있다. 네트워크 관점은 이렇게 글로벌-로컬 층위에서 다원적이고 상호작용하는 정치, 경제, 문화적 네트워크 현상과 인구동태의 연관에 주목하게 한다.

넷째, 인구 네트워크의 관점은 인구변천에 대한 기존 이론들을 비판적·실천적으로 재구성할 수 있다. 개인의 합리적 선택과 균형적 사회변동을 강조한 관점과 불균형과 불평등의 구조와 종속화를 강조하는 관점 사이의 대립적인 논의에서 벗어나 구조와 행위의 역동적인 관계, 다양한 인구현상의 역사적·사회적 맥락을 밝히는 관점을 확대할 수 있다.

다섯째, 인구 네트워크 관점은 인구와 발전에 대한 정책과 거버넌스에 커다란 전환을 이끌 수 있다. 인간 이성과 진보 그리고 시장의 신념에 근거한 발전주의 정책들은 지구화된 위험, 생존의 위험, 삶의 위험을 관리하기보다 오히려 심화한 책임이 있다. 네트워크 관점은 인구와

표 2-1. 인구현상의 인식과 대응의 패러다임적 전환

구분		기존 인구 관점	네트워크 관점
인구동학과 구조	경계	폐쇄성	개방성, 관계
	인구변천	균형, 수렴, 확산	다양성, 변형, 창조
	내적 구성	동일성	이질성
인구의 정치 · 경제 · 문화 · 환경		국가 수준	글로벌, 국가, 로컬, 대인적(inter-personal)
이론적 관점		근대화 이론, 도시화, 생태주의, 맬서스주의, 신고전경제학, 정치경제학, 젠더, 다문화, 후기근대, 탈근대	실천적 구성주의
정책적 관점과 거버넌스		발전, 안전, 동화	발전, 안전, 동화, 포용, 시민권, 지속가능성
		국가 중심 거버넌스	국가-시민사회 협력 거버넌스

경제적 불균형에 대응하는 주체를 개인과 국가, 기업, 시민사회, 초국가적인 연대로 확대하여 지속가능한 사회발전을 위한 협력적 거버넌스의 과제들을 구체화할 수 있다.

이처럼 인구현상의 인식과 대응의 네트워크 관점은 경제효용과 국가주의에 기초한 기존 인구 인식과 정책으로부터의 패러다임적 전환을 촉발할 수 있고, 한국사회 발전의 모순에 적절하게 대응할 수 있게 한다.

3. 인구 네트워크의 요인: 인구구조의 불균형과 경제의 지구적 통합과 불균형

1) 세계의 인구변천

현존하는 인구기록에 따르면 기원후 16세기 초엽까지 세계의 인구증가율은 0.04%에 그쳤다고 추정된다(표 2-2). 17세기 이후부터 아시아, 유럽, 아메리카 지역에서 인구가 크게 증가한 것으로 추정된다. 인구증가율은 19세기 이후 대폭 늘어났는데 19세기 동안은 유럽, 아메리카, 오세아니아 지역에서 인구증가율이 높았다. 이는 유럽인의 지구의 발견과 대규모 이주와 관련이 있다. 20세기 중반에는 아메리카 지역에서 여전히 인구성장률이 높았고, 아시아와 아프리카에서 인구가 크게 증가하고 유럽 지역의 증가율은 감소했다. 20세기 후반 이후는 아시아와 아프리카, 아메리카 지역에서 인구가 크게 증가했다. 세계 인구추정에 따르면 2050년까지 동아시아, 남아시아, 아프리카, 라틴아메리카 지역의 높은 인구 증가가 예상된다.

서유럽 지역의 인구는 18세기 중엽에서 20세기 중반에 걸쳐 크게 변화되었다. 흔히 고출생·고사망에서 저출산·저사망 수준으로 이행하는 과정을 인구변천(demographic transition)이라고 하는데, 유럽에서는 거의 2세기에 걸쳐 인구변천이 진행되었고, 이 시기 동안 유럽인의 인구는 유럽뿐만 아니라 아메리카와 오세아니아 지역에서 거의 네 배 이상 증가했다(Vallin, 2006). 한편 유럽인이 무역과 식민지 개발로 진출한 아프리카, 아메리카, 오세아니아 지역의 원주민들은 유럽인의 진출에서 비롯된 쇼크(전쟁과 전염병, 가족 해체)로 그 수가 크게 감소했다. 출산율과 사망률이 감소한 양상과 수준은 지역마다 다르지만, 도시화, 경제발전, 친밀성, 개인화, 사회보장, 보건의료기술, 시민사회 등 복합적인 사회

표 2-2. 대륙별 인구크기와 증가율

(단위: 백만 명, %)

	아시아		유럽		구소련		아프리카		아메리카		오세아니아		세계	
	인구	증가율	인구	증가율	인구	증가율	인구	증가율	인구	증가율	인구	증가율	인구	증가율
기원전 400	95		19		13		17		8		1		153	
0	170		31		12		26		12		1		252	
200	158		44		13		30		11		1		257	
600	134		22		11		24		16		1		208	
1000	152		30		13		39		18		1		253	
1200	258		49		17		48		26		2		400	
1340	238		74		16		80		32		2		442	
1400	201		52		13		68		39		2		375	
1500	245	0.02	67	0.05	17	0.02	89	0.08	42	0.08	3	0.07	461	0.04
1600	338		89		22		113		13		3		578	
1700	433		95		30		107		12		3		680	
1750	500		111		35		104		18		3		771	
1800	631	0.31	146	0.25	49	0.40	102	-0.05	24	0.31	2	-0.20	954	0.25
1850	790	0.45	209	0.72	79	0.96	102	0.00	59	1.80	2	0.00	1,241	0.53
1900	903	0.27	295	0.69	127	0.95	138	0.60	165	2.06	6	2.20	1,634	0.55
1950	1,376	0.84	393	0.57	182	0.72	224	0.97	332	1.40	13	1.50	2,520	0.87
2000	3,611	1.93	510	0.52	291	0.94	784	2.51	829	1.83	30	1.67	6,055	1.75

자료: Livi-Bacci (2009: 40).

표 2-3. 주요 지역의 인구구성 (단위: %)

	인구구성비						연평균 인구증가율		
	1950	1975	2000	2010	2025	2050	1950~1955	2005~2010	2045~2050
아프리카	9	10.3	13.4	15	17.5	21.8	2.18	2.29	1.14
아시아	55.5	58.6	60.5	60.3	59.6	57.2	1.89	1.14	0.15
동아시아	26.1	26.6	24.1	22.6	20.7	17.5	1.8	0.56	-0.36
남중아시아	20.4	21.7	24.8	25.8	26.7	27.3	1.85	1.51	0.38
동남아시아	7	7.9	8.5	8.5	8.5	8.4	2.1	1.2	0.2
서아시아	2	2.5	3.1	3.4	3.7	4.1	2.66	1.95	0.68
유럽	21.6	16.6	11.9	10.6	9.1	7.6	1	0.09	-0.26
동유럽	8.7	7	5	4.2	3.4	2.6	1.48	-0.37	-0.57
북유럽	3.1	2.2	1.5	1.4	1.3	1.2	0.39	0.51	0.22
남유럽	4.3	3.3	2.4	2.2	2	1.7	0.87	0.54	-0.19
서유럽	5.6	4.2	3	2.7	2.4	2	0.66	0.24	-0.22
라틴아메리카	6.6	8	8.5	8.5	8.4	8	2.71	1.12	0.1
북아메리카	6.8	6	5.2	5.1	5	4.9	1.71	0.96	0.37
오세아니아	0.5	0.5	0.5	0.5	0.5	0.6	2.15	1.31	0.59

자료: Livi-Bacci (2009: 220).

변동 요인 속에서 인구변천이 전개되었다. 한편 20세기 중반 이후 유럽과 북미, 오세아니아 지역을 중심으로 제2의 인구변천이 전개되고 있다고 논의된다. 제2의 인구변천의 특성과 원인에 대해서는 가족, 젠더 구조의 변화, 개인화, 경제적 불평등, 시민권의 변화, 과학기술의 영향 등 탈근대적 사회변동의 영향이 주목되고 있다(Van de Kaa, 1987; Sobotka, 2003).

또한 유럽사회와 미국, 오세아니아 국가들은 다양한 이주 배경을 가진 사람들을 선택적으로 통합하는 이민정책을 추진해왔다. 사회마다 차이가 있지만 대체로 서구사회와 미국, 캐나다, 호주 등의 이민사회에서는 저출산 고령화에 대한 대응과 이주민들에 의해 정치공동체를 형성한 역사적 맥락에서 이민자를 미래시민으로 통합하는 정책을 펴고 이주민들에 대한 인식도 부정적이지 않았다. 그러나 최근 대규모의 난민이 유입되면서 난민의 일자리, 교육 지원 등의 어려움을 겪고 있다. 또한 유럽통합 이후 증가한 자유 이민을 사회경제적으로 통합하고 단기, 임시 노동 이주민의 권리를 보호하고 관리하는 데 어려움을 겪고 있다. 일부 시민은 이민자에 대한 부정적인 인식을 가지고 있으며, 민족주의 정치 갈등이 심화되는 현상이 부각되고 있다.

아시아 지역의 인구변천은 20세기 이후 식민지, 탈식민지, 사회주의, 자본주의 체제 변화를 압축적으로 겪으면서 다양하게 전개되었다. 20세기 중반을 거쳐 국제적으로 커다란 정치적 쟁점이 되었던 인구현상은 신흥 개발국에서의 높은 인구성장과 빈곤의 관계였을 것이다. 특히 20세기는 '인구 폭발'이라는 용어가 탄생한 시기다. 이 한 세기에 걸쳐 지구상의 인구는 16억에서 60억으로, 거의 네 배 가까이 증가했다. 폭발적인 인구 증가는 주로 빈곤한 신흥 개발국, 특히 아시아 지역에서 일어났다.[1] 19세기와 20세기 초반에 걸쳐 열강에 의해 자본주의에 편입되어 식민 지배를 받고 2차대전 이후 냉전체제의 영향을 받으면서 새로 형성된 국가들에서는 자본주의, 민족주의, 사회주의적 이데올로기가 각축했다. 이들 신생독립국가 지역의 빈곤과 인구 증가는 사회 갈등과

1 사실 인구폭증은 18세기에서 20세기 초반에 걸쳐 유럽에서 시작되었다. 그러나 인구 증가에 대한 국제사회의 우려는 20세기 중반 신흥개발국의 인구 증가에 대한 구미선진국의 입장이 일반화되어 굳어진 시선이었다. 이후 인구 폭증에 대한 적극적 대응이 국제정치와 안보의 중요한 주제로 등장하게 되었다.

혼돈을 증폭시키고 발전과 안전을 위협하는 국제사회의 주요한 정치적 쟁점으로 인식되기에 이른다. 이후 인구 조절의 중요한 조건들이라고 여겨지는 경제적·문화적·기술적 요인들이 빠르고 적극적으로 신흥개발국에 수용되었다. 국제적인 지원 속에서 여러 신생국가는 인구통제 정책과 인간개발과 발전정책을 전개해나갔다. 2차대전 이후 신흥독립국으로 탄생한 싱가포르, 대만, 한국, 중국, 인도 등은 인구과잉과 빈곤 문제를 해결하기 위해 적극적인 가족계획과 인적 투자에 총력을 기울였던 대표적인 나라들이다. 그리고 급속하게 경제가 성장했던 만큼 인구의 변천도 매우 압축적으로 전개되었다. 압축적인 경제발전을 이룩한 한국, 일본, 대만에서는 급속한 도시화 과정을 통해 인구이동이 활발하게 이루어졌다. 중국은 사회주의 체제의 개혁 개방 이후 빠르게 지구적 시장경제로 편입되면서 대규모의 인구이동이 진행되고 있다. 한편 호구제도와 자산과 능력에 따라 이주 자격과 시민권을 엄격히 제한하는 정부 정책으로 많은 이주자가 사회적 차별을 받고 있다.

2) 21세기 동북아와 아세안 지역의 인구 네트워크

동북아와 아세안 지역은 한국과 인구·경제적으로 급속히 연결되고 있을 뿐 아니라 현재 세계적 차원에서도 인구와 경제 구조가 급변하는 지역이다. 현재 인구규모 면에서 아시아는 세계에서 인구가 가장 많은 지역으로서, OECD 34개국이 전 세계 인구의 17.4%를 차지하는 데 비해 동북아 및 아세안 지역의 13개국[2]은 전 세계 인구 중 29.7%를 차지한

2 한국, 중국, 일본의 동북아 3개국 및 브루나이, 캄보디아, 인도네시아, 라오스, 말레이시아, 미얀마, 필리핀, 싱가포르, 태국, 베트남의 아세안 10개국을 의미한다.

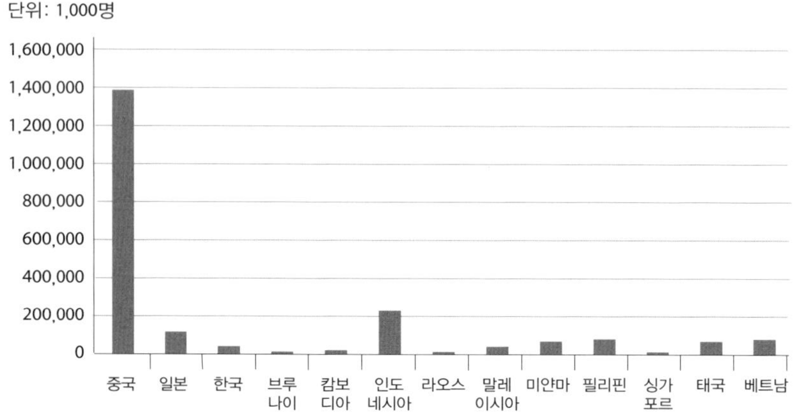

그림 2-2. 2015년 한중일 아세안 인구

자료: UN Statistics (2016).

다. 또한 인구구성과 유동성에서도 높은 다양성을 보인다. 동북아와 아세안 지역은 유럽대륙과 더불어 세계에서 인구구성이 가장 다양한 지역이며, 이 지역의 많은 인구가 유럽, 아시아, 북미 등 전 세계로 이동하며 여러 지역을 연결하고 있다. 그리고 이러한 연결성은 각 지역의 사회경제적 변화의 촉발제로 작용하고 있다.

표 2-4는 동북아와 아세안 지역 인구의 다양한 특성을 요약한 것이다. 이 지역에는 연 1.5~2.0%의 급속한 인구성장을 경험하는 국가들이 있는가 하면, 일본처럼 인구가 감소하는 국가도 있다. 인구 규모 변화를 야기하는 요인 또한 나라마다 다른데, 인구유출이 크지만 높은 출산율로 인해 인구가 빠르게 늘어나는 국가들과 싱가포르처럼 주로 이민자 유입을 통해 인구성장을 지속하는 나라가 공존한다. 유입인구보다 유출인구가 더 많은 나라는 중국, 캄보디아, 인도네시아, 라오스, 미얀마, 필리핀, 베트남이고 한국, 일본, 브루나이, 말레이시아, 싱가포르는 유출인구보다 유입인구가 더 크게 나타난다. 상대적인 비율에서는

표 2-4. 동북아와 아세안 지역의 인구동태

		인구규모 (2015, 천 명)	인구성장률 (2010~15, %)	사회증가율 (2010~15, %)	합계출산율 (2010~15 평균)	이민자비율 (2015, %)	고령자비율 (65세 이상) (2015, %)	GDP성장률 (2012~15 평균, %)	1인당 GDP (2014, USD)	출생성비 (2010~15 평균)	도시인구 비율 (2015, %)
동북아	중국	1,376,049	0.52	-0.02	1.55	0.07	9.55	7.57	7,617	1.16	55.6
	일본	126,574	-0.12	0.05	1.40	1.61	26.34	1.08	36,298	1.06	93.5
	한국	50,293	0.48	0.12	1.26	2.64	13.13	2.83	28,166	1.07	82.5
아세안	브루나이	423	1.47	0.11	1.90	24.28	4.42	-1.19	40,979	1.06	77.2
	캄보디아	15,578	1.62	-0.20	2.70	0.47	4.12	7.27	1,095	1.05	20.7
	인도네시아	257,564	1.28	-0.05	2.50	0.13	5.17	5.54	3,492	1.05	53.7
	라오스	6,802	1.66	-0.36	3.10	0.33	3.81	7.81	1,756	1.05	38.6
	말레이시아	30,331	1.51	0.30	1.97	8.29	5.86	5.47	10,934	1.06	74.7
	미얀마	53,897	0.82	-0.18	2.25	0.14	5.36	8.15	1,244	1.03	34.1
	필리핀	100,699	1.58	-0.15	3.04	0.21	4.58	6.69	2,871	1.06	44.4
	싱가포르	5,604	1.97	1.49	1.23	45.39	11.68	3.59	55,910	1.07	100
	태국	67,959	0.38	0.03	1.53	5.76	10.47	3.67	5,977	1.06	50.4
	베트남	93,448	1.12	-0.04	1.96	0.08	6.74	5.55	2,015	1.12	33.6
동북아 및 아세안		총 2,185,221 (세계의 29.7%)	1.10	0.08	2.03	6.88	8.56	4.93	15,258	1.07	58.4
OECD		총 1,276,428 (세계의 17.4%)	0.55	0.24	1.71	0.13	16.76	1.23	42,087	1.06	78.4
전 세계		7,349,472									

주: 이민자의 경우 한중일을 포함한 일부 국가는 국내 외국국적인구(foreign citizens), 나머지 국가는 외국출생인구(foreign born population) 기준 .
자료: UN Statistics (2016).

국가 경계를 넘나드는 인구이동이 활발하지 않더라도 절대적으로 그리고 국가 내의 인구이동이 큰 중국과 같은 나라도 있다. 상주하는 이민자 비율에도 차이가 있어서, 일본은 이민 배경을 가진 성원이 적은 사회인 반면, 싱가포르는 이민 배경을 가진 성원이 많은 사회다. 대체로 인구가 많을수록 이민자의 비율은 낮고 인구가 적을수록 이민자의 비율이 높다.

또한 한국, 일본, 중국과 싱가포르는 출산율이 대체수준에 훨씬 못 미치는 반면, 캄보디아, 인도네시아, 라오스, 미얀마, 필리핀은 합계출산율이 대체수준 이상이어서 상당히 오랜 기간 젊은 인구구조와 인구성장이 지속될 것으로 추정된다. 출생성비를 살펴보면 중국과 베트남은 출생성비가 이 지역의 평균 수준보다 크게 높지만, 다른 동북아-아세안 사회에서는 출생성비가 크게 왜곡되어 있지 않다.

그렇다면 어떤 조건에서 인구의 네트워크가 작용할까? 우선 강조하고 싶은 것은 동북아-아세안 지역의 인구규모와 다양성이다. 아시아 지역의 인구규모는 내적으로 편차가 있으면서도 전체적으로 상당히 크다. 이 때문에 이동의 원인을 거리와 인구크기의 함수로 파악하는 중력모형에 따르면(Ravenstein, 1885), 지리적으로 근접한 동북아-아세안 지역 내에서 인구의 연결이 더욱 활발해질 가능성이 크다. 공학적으로 접근하면 이러한 구조적 조건에 의해 동북아-아세안 국가들 간에 인구의 연결이 발생하면, 좀 더 복잡한 네트워크의 형성이 가속화될 수 있다. 네트워크 내에서 서로 연결된 삼자관계가 존재하는 경우, 삼자관계 내에 있는 국가들 간에 서로 연결되지 않았더라도 시간이 지나면 네트워크의 구조적 압력으로 관계가 형성되는 전이현상(transition)이 일어날 수 있기 때문이다. 전이현상은 어떤 네트워크 안에 삼자관계로 이뤄진 하위 관계망이 많을 경우, 네트워크 전체가 서로 연결될 가능성을 높게 만들어준다. 이러한 네트워크의 구조적 특성에 따라 동북아-아세안 지역의 인구동태 연결망이 활발해질 수 있다.

그러나 인구 네트워크는 기계적으로 작용하기보다 사회구조와 개인의 전략적 행위의 상호작용으로 전개되기에 그 양상과 성격이 다양할 수 있다. 특히 아시아 지역의 인구 네트워크를 강화하는 특수한 인구동태로서 한국, 일본, 중국 등을 포함한 동북아 지역의 매우 낮은 출산율과 급속한 고령화 현상의 영향에 주목할 필요가 있다. 저출산과 고령화는 생산, 돌봄, 부양 구조의 불균형을 심화한다. 이렇게 저출산과 고령화에서 비롯된 인구구조의 불균형 현상에 대응하기 위해 해당 국가의 정부와 행위자들이 다른 아시아 지역 인구와 네트워크를 강화할 잠재성이 큰 것이다. 현재 65세 이상 인구의 비율은 일본이 가장 높다. 그런데 광범위한 가족계획 프로그램과 한자녀정책을 수행한 한국, 중국, 대만, 홍콩, 싱가포르에서 고령화가 매우 빠르게 전개되고 있다.

저출산과 고령화 현상은 단일 국가 수준에서는 돌봄, 친밀성, 경제활동에 부정적인 영향을 미치는 인구구조의 불균형이 심화됨을 의미한다. 이런 인구구조의 불균형의 영향을 완충하기 위해 타 지역의 인구동태를 유인하는 전략들이 국가와 기업, 개인들에 의해 발전할 수 있다. 요컨대 저출산 고령화 사회에서는 경제적 목적에서 외국인이나 이주민의 유입에 대한 수요가 클 수 있다. 그런데 제조업과 돌봄 인력 수요와 관련하여 외국인노동자와 국제결혼 이주가 증가하고 있지만 폐쇄적이고 차별적인 성원권 인식에서 이주민들이 경제사회적으로 배제되어 통합 정도가 취약한 문제점들이 다시 드러나기도 한다. 일본에서는 1992년 이민정책 개정 이후 많은 외국인을 수용하여 현재 약 100만여 명의 외국인노동자가 기술연수생, 유학생, 방문자 자격으로 경제활동에 참여하고 있다. 공식적인 이주민 정착정책이 부재하다고 말할 수 있을 정도로 일본에서 외국인노동자는 비정규직화, 일본어 소통의 어려움, 직업훈련의 제약, 가족통합의 어려움 등의 문제를 가지고 있다.

일본 정부는 점차 부족해지고 있는 고령자 돌봄인력을 기존의 고용허가제와 연수생 훈련제도를 활용하여 순환적인 돌봄인력 네트워크를 개발하는 방책을 모색하고 있다(2016 Asia Human Well-being Initiativc, http://www.kantei.go.jp). 이처럼 단기적 노동시장조건과 인구불균형을 보완하기 위해 경제적 효용 가치가 있는 노동력을 활용하지만 이주자의 정체성을 존중하지 않고 사회 성원으로서 통합하려는 노력이 취약하다. 일본인 대다수가 이주민에 대해 부정적인 인식을 가지고 있다.

중국은 엄격한 호구정책으로 인하여 도시와 농촌의 자유로운 인구이동이 제한되었고, 한자녀정책은 도시 지역에서 더 강력하게 진행되었다. 그 결과 북경과 상하이 같은 대도시 지역의 고령화가 매우 급속하게 진행되었다. 자유로운 이동이 통제되는 상황에서 대도시 호적을 가지고 있는 인구의 고령화 문제는 더욱 심화되었다. 중국사회의 도시와 농촌지역 간의 호적지위의 차별은 마치 저소득국가에서 고소득국가로 이동하는 단기 노동이주민의 처우와 유사한 현상으로 농민공 문제를 부각시켰다. 농민공은 중국 대도시 상주인구의 20~30%를 차지하고 있다(王桂新·潘泽瀚·陆燕秋, 2012). 대도시 정부는 단기적인 경제적 효용의 관점에서 농민공을 유입하지만 농민공들은 경제, 사회보장, 교육 등에서 차별을 받는 등 도시 호적인구와 도시 내 농민공의 사회갈등 문제가 심각한 것으로 알려져 있다(정령, 2013).

또한 주목할 것은 중국사회의 한자녀정책으로 인한 저출산과 성비불균형이 결혼 적령기의 남성 과잉 인구현상으로 이어지고, 그 결과 국제결혼 이주여성을 유인하는 힘이 강화되는 양상이다. 중국의 출산율은 한자녀정책이 본격화된 1980년대 초 이후 급속하게 떨어졌다. 2010년 인구센서스에 따르면 합계출산율은 1.18로 추정되지만 학자들에 따라 1.6여 명으로 추정하기도 한다. 완결출산율 지표로 활용되는 45~49세 여성의 평균자녀 수는 2000년에 2.36명에서 2010년에는 1.83명으로 집계된다(李汉东·李流, 2012). 지역별로 북경, 톈진, 상하이와 같은 대도시의 출산율은 전국 평균보다 낮게 집계되고 있다(북경 0.707, 톈진 0.913, 상하이 0.737). 또한 낮은 출산율과 출생아의 성비불균형이 심화되어 결혼적령기의 남성 과잉 문제도 심화될 것으로 추정된다(제나, 2017). 이렇게 심화된 고령화와 결혼 적령기 남성인구의 과잉은 돌봄과 결혼과 관련된 국제이주를 강화할 수 있는 요인으로 작용할 수 있다.

싱가포르는 저출산 고령화 현상에 대응하여 적극적인 이민자 통합 정책을 시행하고 있다. 1963년에서 1965년 말레이시아 영토에 속했다가 다시 분리된 싱가포르는 자원과 영토는 제한되고 인구는 많고 경제 발전 정도는 매우 미약했다. 그러나 산업구조조정을 단행하고 인구정책을 강력하게 실시하면서 노동집약에서 자본기술집약, 금융산업으로 산업조정을 효과적으로 이루어냈다. 싱가포르는 경제발전을 위한 인구 통제 프로그램과 인적자본 개발을 국가 차원에서 적극 실시한 나라다. 인구의 수를 줄이는 것뿐만 아니라, 인적자원의 개발을 중시했다. 그러나 과도한 교육투자, 가족계획, 젠더 불평등한 가족문화 등이 어우러져 저출산이 심화되었다. 인구규모가 작은 만큼 저출산의 영향도 매우 급속하게 강화되었다. 싱가포르 정부의 출산장려정책에도 불구하고 출산율은 여전히 낮은 수준이다. 2014년 합계출산율은 1.25 수준이다.

이런 저산출과 인구 감소에 대응하여 싱가포르는 적극적인 이민정책을 활용하고 있다. 싱가포르 전체 인구는 550만 명 정도고, 2013년 인구센서스에 따르면 싱가포르 인구 중 이민자의 비율이 43%다(World Bank, 2016). 그런데 이민자를 관리하는 방식이 고학력, 숙련 노동자에 대한 적극적 통합과 저숙련 노동자의 하층 계급화와 배제의 양극화 양상으로 나타나고 있다. 고기술, 전문 인력의 이주에 적극적이고 개방적이지만 대부분의 저숙련 단기 노동자들은 제조업, 서비스업, 가정에서 언제든지 대체될 수 있는 노동인구가 되고 있다. 법적으로는 단기, 임시적 노동자지만, 많은 외국인노동자가 도시 곳곳에 집중되어 사회 갈등의 화약고가 되고 있다. 상주하는 인구의 상당수가 정치사회적 공동체의 성원에서 배제되는 것은 사회 갈등의 원천이 되는 것이다.

한국, 중국, 일본, 싱가포르 등 아시아 지역에서 경제적으로 발전된 사회의 인구불균형과 대응방식에는 공통점이 보인다. 우선 경제성장과 인적개발에 초점을 두면서 가족계획정책을 강력하게 시행했다. 그리고 경제적 효용의 관점에서 노동력을 활용하는 관점이 강하다. 인구구조의 불균형과 노동구조의 불균형에 대응하여 기존의 가치관과 사회 경제시스템이 변화되는 부분도 있지만, 다른 지역의 인구와 네트워크화되어 다른 지역의 인구를 활용하는 전략을 적극 추진하고 있다. 경제발전과 재생산에 효용적인 이주자를 활용하지만 다양한 시민 권리를 차별하고 있다. 경제적 효용 관점에서 선택적이고 폐쇄적인 이민정책은 원주민과 이주민 사이의 갈등과 이주민의 하층 계급화와 사회적 배제 문제를 양산하고 있다.

인구동태 사이의 이질성, 특히 인구구조의 불균형과 이에 대응한 국가, 기업, 개인의 전략이 동북아-아세안 지역에서 인구 네트워크가 확장되는 중요한 잠재적인 원인이라면, 또 다른 중요한 원인이 글로벌-로컬 수준에서 작용하고 있는 경제구조의 불균형과 이에 대한 국가, 기업, 개인의 전략일 수 있다. 1인당 GDP, 경제성장률을 볼 때(표 2-4) 이 지역의 발전단계가 다층적임을 뚜렷하게 알 수 있다. 점차 강화되는 글로벌-로컬 수준의 경제적 네트워크화도 인구 네트워크를 강화하는 요인일 수 있다. 기존의 생산방식이 한 공간에서 자본, 토지, 노동인력이 결합되어 생산하고 국지적인 시장을 통하여 교환되는 체제였다면, 1990년대 이래 글로벌 기업 및 자본의 해외직접투자와 글로벌 생산 네트워크가 전개되고 있다. 경제가 국가 경계를 넘어 지구적 수준으로 확대되고 통합되는 이유는 자본축적의 논리다. 자본은 생산의 효용성과 비용 그리고 시장 요인을 고려하여 자본과 노동을 국제적으로 재배치하는 전략을 펼치고 있다. 한국의 주요 기업도 국제적 생산분업과 시장 네트워크를 확대하는 전략을 펴고 있다. 예를 들어 노동집약적인 제조 산업은 아세안과 중국 지역 등 개발국가에 배치하고, 산업화된 지역에는 좀 더 자본집약적인 제조업을 배치하고 있다(Seo and Suh, 2006). 자본과 노동이 기업의 전략에 따라 산업별로 다양한 조건에서 국제적으로 재배치되는 과정에서 상대적으로 유리한 행위자들과 불리를 경험하는 행위자들이 갈리고 기존의 불평등과 계층구조가 재구조화되고 있다. 이런 글로벌한 생산과 투자 네트워크가 다시 인구의 네트워크화를 강화할 수 있다.

각 나라의 인구구조는 경제성장 수준과 유의한 연관이 있다. 대체로 젊은 인구의 비중이 높으면 상대적으로 경제 수준과 임금 수준이 낮다. 다국적 기업의 입장에서는 개발국가의 상대적으로 저렴하고 젊은 인구가 매력적인 생산조건이 될 수 있다. 해외에 기업을 세울 때 정치적·문화적 조건도 노동력 관리에 중요한 요소다. 이렇게 국가 수준을 넘어서 기업은 해외 인구의 자질과 능력에 관심을 갖고 투자를 하고, 이것은 다시 경제와 인구의 초국가적 연결을 강화한다.

경제적 불균형에 대한 대응은 밑으로부터도 강화될 수 있다. 이주는 신자유주의 확대와 노동권의 약화에서 비롯된 경제불균형에 대한 밑으로부터의 대응이다. 지구적 경제에 통합될 때 상대적으로 주변 지역의 경제는 독립적인 자생력을 잃고 주민들의 삶의 조건이 더욱 약화될 수 있다. 이럴 때 이주는 생계방식을 다원화하고, 개선하고, 출신국에서의 사회, 경제, 제도적인 발전의 제약을 극복하는 주요한 가계 전략일 수 있다(De Haas, 2007). 따라서 인구이동은 인구와 경제의 지구적·지역적 네트워크를 강화하는 주요한 매체다. 이동과 이주가 활발하게 늘어나고 있는 것은 지역 간 발전 수준의 격차다(Todaro, 1981). 그리고 이주노동자와 남아 있는 주민 사이의 격차는 남아 있는 주민에게 상대적 박탈감을 조성하고 그에 따라 이주의 연쇄를 강화할 수 있다. 이민자는 불균형과 갈등 과정에서 유입국과 출신 지역을 연결하면서 정치사회적 변화의 중요한 매개 역할을 하고 있다.

그림 2-3은 동북아-아세안 지역 13개국 간 실제 인구 네트워크가 어떻게 구성되는가를 정리한 것으로, 2010~2015년 사이의 동북아-아세안 국가에서 각 나라의 출신국에 따른 이주민(국가별 집계 기준 상이: 외국국적자 혹은 외국출생자)의 증가량을 토대로 작성한 네트워크다. 2010~2015년 사이에 체류하고 있는 이주민의 차이를 통해 이주민의 유출입 변동을 측정했다. 특정 시점 혹은 기간 동안의 이동(flow) 인구에 대한 최근 자료가 제한되어 정태(stock) 인구를 이용하여 간접적으로 순유동량을 측정했다. 또한 공식 통계로 집계된 이주민 자료를 기초하고 있어 많은 비등록 인구이동 추이는 반영하지 못했다.

각국의 인구 특성은 도형과 농도, 크기로 표시했다. 삼각형 국가는 저출산국가(2010~2015년 평균 합계출산율 2.1명 이하), 동그라미 국가는 비저출산국가(2010~2015년 평균 합계출산율 2.1명 초과)로 구분했다. 도형의 크기가 클수록 출산율이 높다. 한국, 일본, 싱가포르 등은 매우 작은 도형으로 나타난다. 그 나라에 2010~2015년 사이 증가한 이주민의 출신국이 다양할수록 도형의 농도를 짙게 표시했다. 예를 들어, 캄보디아에 순유입된 이주민 중 아시아 국적을 가진 경우는 없어 비어 있는 하얀 색으로 표시했다. 이에 비해 한국, 필리핀, 말레이시아, 베트남은 순유입된 이주민의 국적이 매우 다양하여 짙게 표시했다.

화살표는 이주민의 크기와 방향을 나타낸다. 화살표 굵기는 순이주 인구크기를 나타낸다. 2010년에 머무는 이주인구에 비해 2015년 머무는 이주민이 늘어난 경우, 그 늘어난 규모를 화살표의 굵기로 표현하였고, 이주인구의 출신 국가에서 이주한 국가로의 흐름을 화살표의 방

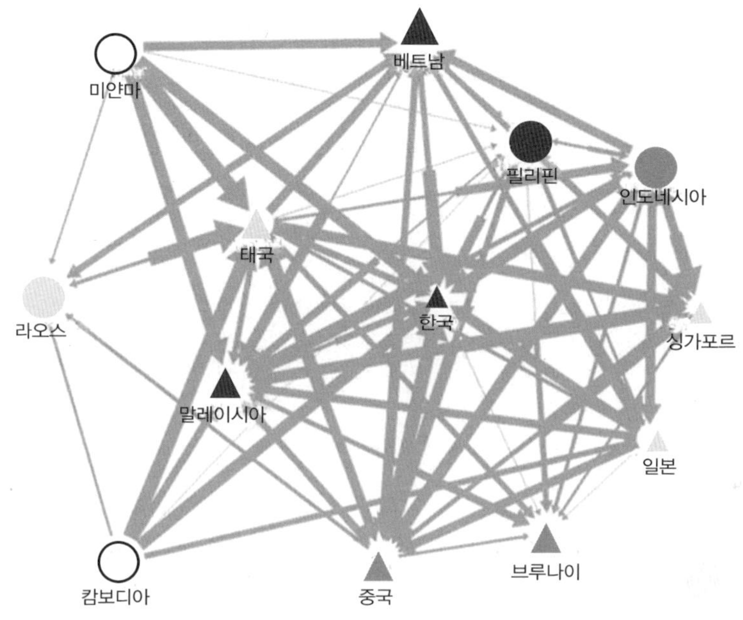

그림 2-3. 동북아와 아세안 지역의 국제이주 연결망

자료: UN Statistics(2016).

향으로 표현했다. 예를 들어 베트남에서 한국으로 유입된 인구 수는 많기에 더 굵은 화살표로 표시하고, 한국에서 베트남으로 유입된 인구 수는 적기 때문에 더 가는 화살표로 표시했다. 그래프를 보면, 이주의 방향은 대체로 출산율이 높은 지역에서 낮은 지역으로 향하는 경향이 있다.

한중일을 중심으로 아세안 지역과의 순이주민 증가량 네트워크를 작성해보면, 중국으로의 유입인구는 한국, 인도네시아, 필리핀, 태국, 베트남, 일본에서의 흐름이 상대적으로 크고, 유출인구는 한국, 싱가포르, 태국의 흐름이 상대적으로 크다. 한국은 중국, 일본, 베트남, 필리핀, 미얀마, 인도네시아, 캄보디아 등 여러 지역에서 인구유입이 활발하게 나타나고 있다. 일본에서의 유출인구는 주로 중국과 한국으로 나타나고, 유입인구는 인도네시아, 베트남, 캄보디아로 한국에 비해 네트워크

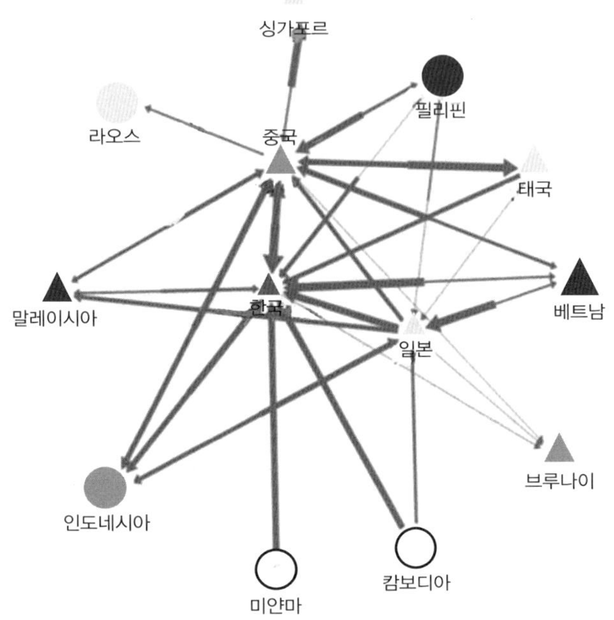

그림 2-4. 한국, 중국, 일본만을 대상으로 한 2010~2015년의 순이주민 증가량 네트워크

자료: UN Statistics(2016).

정도가 약하게 나타나고 있다(그림 2-4).

4. 인구 네트워크 확장의 사회적 영향

1) 인구 네트워크와 발전

인구 네트워크가 강화되는 요인이 인구구조와 경제구조의 지구적 통합과 불균형 그리고 이에 대응한 국가, 기업, 개인들의 전략이라면, 인구 네트워크의 강화는 개인의 삶의 질과 지역의 발전에 어떤 영향을 미치는가? 이에 답하기 위해 먼저 지구적으로 확대된 경제 속에서 투자기업의 이윤창출전략이 투자국과 투자유입 지역의 경제발전에 미치는 영향에 대한 논의들을 정리하고자 한다. 결론적으로 해외투자기업이 모국이나 투자유입국에 미치는 영향은 낙관적이거나 비관적인 이분법으로 설명되지 않는 지역-시간에 따라 중층적이고 구조적인 조건들과 행위자의 역동적인 상호관계에서 매우 이질적으로 나타나고 있다.

해외투자의 영향은 투자유입국에 기술이전 효과, 고용창출 효과, 임금 수준 효과 등이 논의된다. 그런데 현지 사회가 해외자본, 대규모의 경제, 기술집적의 순기능이 있기 위해서는 현지 사회의 인적자본의 잠재력이나 민주적인 정치 환경 등이 중요하다고 논의된다(Seo and Suh, 2006; Mosley and Singer, 2015). 요컨대 해외자본의 직접투자는 후발 산업국의 경제 전반 및 중간계급의 성장을 돕기도 하지만, 기술이전이나 인적자본의 고양으로 전이되지 않는 조건에서는 선택적 투자와 입지, 그리고 퇴장으로 후발국 내부뿐 아니라 지역적·전 지구적 수준의 불균등발전과 격차를 심화하는 데도 기여할 수 있다(Selwyn, 2014). 해외투자가 모국의 경제에 미치는 영향도 단편적으로 부정 혹은 긍정적이기보다는 해외투자기업과 현지 기업 사이의 대체관계, 숙련제도 등에 따라 다양할 수 있다는 점이 지적된다(Lipsey, 2004; Borenstein, De Gregorio, and Lee, 1998). 이렇게 지역, 시간적 층위의 다양성을 고려할 때 한국 대표 기업의 국제적 생산기지와 시장개발전략과 그 사회경제적 영향에 대해서 단순히 낙관적이거나 비관적인 관점이 아니라, 한국 내 산업 간 기업 간 생산의 연결방식, 고용구조, 시장조건의 다차원적이고 다층적인 상호영향을 파악하는 것이 중요할 수 있다.

지구적으로 확장되고 통합된 경제체제와 밀접히 연관된 인구 네트워크 현상의 영향도 복잡하고 이질적일 수 있다. 인구이동은 지역의 인구규모와 이질성과 상호작용을 변화시키고 공간을 변화시킨다. 인구의 집중, 분산, 공간의 변화는 자본축적 양식의 변화, 삶의 양식과 가족, 노동조건, 인구학적 조건의 변화와 밀접히 연관된다. 근대사회의 정치, 경제, 문화 구조와 삶의 양식에 배태된 인구 변화와 공간의 변화 특징을 이해하는 데 도시화가 중요한 개념이었다면, 지구화는 오늘날 글로벌-로컬 층위에서 경제구조, 삶의 양식, 상징의 포괄적인 변화와 연관된 인구, 지리 변동을 의미하는 개념일 수 있다. 주지의 사실이듯이 도시화란 인구생태적 변화, 공간의 행정단위와 산업구조의 변화, 주민들의 상호작용 방식과 상징적 유대 등의 변화를 포함하는 도시 공간과 도시에 거주하는 인구가 확대되는 과정이다. 그렇다면 지구화는 지구적 수준에서 인구생태적 변화, 공간의 정치단위와 산업구조의 변화, 주민들의 상호작용과 상징적 유대, 정체성의 변화를 포함하는 지구적 수준의 공간과 인구변동 현상이라고 정의할 수 있다.

이런 지구적·지역적 수준에서 구성되는 포괄적인 공간과 인구변동의 매체가 이주다. 이동의 원인, 과정, 결과는 글로벌-로컬 층위에서 자본축적방식, 국가의 발전 및 이주정책, 다양한 이해 당사자의 전략에서 전개되고 다양한 역사적 조건이 결합되어 송출지역과 유입지역의 경제에 다양하게 영향을 미칠 수 있다(De Haas, 2007; Portes, 2006).

이주는 이주자와 이주자 가족에게 경제적으로 보상을 제공하며 노동이 필요한 유입국의 고용주는 환영한다. 그리고 다양한 사회 단체들이 이주자와 이주자 가족을 위해 활동하고 있다. 이주자가 모국으로 송금하는 돈은 그 지역의 발전에 주요한 원동력이 되기도 한다(Vargas-Silva, Jha, and Sugiyarto, 2009). 표 2-5에서 정리하고 있듯이, 동북아와 아세안 지역의 송금유입량은 시기적으로 크게 증가하고 있다. 자본투자가 제한되고 장기적인 실업 문제가 개선되기 어려운 국내 경제 상황에서 여러 나라는 정책적으로 해외 이주노동을 장려하고 있다. 필리핀과 인도네시아 국민은 아세안 지역뿐만이 아니라 유럽, 미국 등 다양한 지역으로 이주하여 소득을 구하고, 소득의 일부를 출신지로 보내 가계소득, 교육투자, 외환 확보 등에 기여하고 있다. 아세안 지역에서 유출된 해외 이주노동자는 대부분 저숙련의 제조업과 서비스 노동의 단기계약으로 이주하기 때문에 현지에서 완전하게 정착하기 힘들고 출신지역에 가족과 친족관계를 유지하면서 헌신하는 경우가 많다.

그러나 이주가 송출지역이나 유입지역의 발전에 항상 긍정적으로 기능하는 것은 아니다. 급속한 도시화를 경험한 한국사회에서도 도시의 경제성장과 농촌과 중소도시의 경제퇴행이 동시에 발생했다(김영정, 1993). 지속적으로 생산활동인구가 유출되어 재생산이 제한되고, 고령화가 급속하게 전개되면서 인구가 감소하고 있는 지역들의 지속가능성에 대한 우려는 인구불균형의 장기적인 악순환을 우려하게 한다. 대체로 이주민을 유입하는 국가의 엄격한 이주관리와 제한된 권리 보장 조건에서 이주민들이 이주지역에서 하층 계급으로 고착되고 세대를 통해 재생산되는 경우도 존재한다.

이주의 영향이 다양하고 복잡하다는 것을 고려할 때 이주와 발전과 관련된 핵심적인 질문은 이주가 발전에 긍정적 혹은 부정적인 영향을 미쳤는가보다 왜 어떤 지역 혹은 조건에서는 긍정적인데 다른 지역 혹은 조건에서는 그렇지 못한지, 어떤 요인이 작용했는지를 설명할 수 있는가다. 더욱이 그 영향은 이주의 과정과 단계에 따라 변할 수 있으므로 지리적으로 다원화되고 사회구조적으로 다양하고 시간적으로 변화하는 이주의 영향에 주목해야 한다(De Haas, 2007). 이주 현상은 점점 복합적이고 다차원적인 특징을 가진다. 이주자가 양적으로 확대될 뿐만 아니라, 목적지와 이주의 동기, 과정, 결과도 다양해지고 있다. 각국의 이주정책도 상이하다. 경제, 가족, 인권 차원에서 장기적 이주자도 증가하지만, 단기적인 노동시장정책으로 혹은 인구불균형의 대응으로 단기, 임시적 노동 이주자의 수요도 크게 늘어나고 있다.

표 2-5. 동북아와 아세안 지역의 송금유입량 추이

(단위: US$, millions)

		2006	2007	2008	2009	2010	2011	2012	2013	2014	2015
동북아	중국	27,565	38,395	47,743	41,600	52,460	61,576	57,987	59,491	62,332	63,899
	일본	1,177	1,384	1,732	1,595	1,684	2,132	2,540	2,364	3,733	4,509
	한국	4,826	5,130	6,952	5,982	5,836	6,582	6,571	6,455	6,481	6,589
아세안	캄보디아	184	186	188	142	153	160	172	176	377	731
	인도네시아	5,722	6,174	6,794	6,793	6,916	6,924	7,212	7,614	8,551	10,487
	라오스	4	6	18	38	42	110	59	60	60	68
	말레이시아	1,365	1,556	1,329	1,131	1,103	1,211	1,294	1,423	1,573	1,678
	미얀마	115	81	55	54	115	127	275	1,644	3,103	3,478
	필리핀	15,496	16,437	18,851	19,960	21,557	23,054	24,610	26,717	28,403	29,791
	태국	1,333	1,635	1,898	2,776	3,580	4,554	4,713	5,690	5,655	5,703
	베트남	3,800	6,180	6,805	6,020	8,260	8,600	10,000	11,000	12,000	12,248

자료: Ratha, Eigen-Zucchi, and Plaza (2016).

지금까지 유입국 중심에서 이주의 영향을 파악하는 관점이 강하지만, 실제 이주자는 유입국과 송출국에 다양한 방식으로 경제, 사회관계, 정치구조의 변화를 추인하고 있다. 포르테스는 이주 집단의 분화에 주목하면서 이주 집단의 특성에 따라 발전의 영향이 다를 수 있음을 강조한다(Portes, 2006). 저숙련 노동과 고숙련 전문가, 기술자의 행위와 수행결과가 다르고, 지역과 국가 발전에 미치는 영향도 다를 수 있음을 강조한다. 이주자와 유입국, 유출국에 모두 긍정적인 기능을 할 수 있는 조건은 저숙련 노동 이주의 경우에는 안정된 순환 이동이 가능한 상황이고, 숙련 이주에는 적극적인 다문화, 초국가주의 활동이 지원되는 상황이라고 잠정적으로 진단한다.

결론적으로 이주와 발전의 긍정적 기능은 자동적이지 않고 더욱이 시장의 힘만이 그 관계를 만드는 것이 아니다. 정부와 시민사회가 얼마나 지역에 생산적인 하부구조를 만드는지, 숙련기술제도를 만드는지, 그리고 다양해지는 성원들 사이에 평등의 가치를 어떻게 확대하는지, 초국가적 이타성과 연계를 강화하는지에 따라 네트워크의 영향은 달라질 수 있다.

2) 인구 네트워크와 젠더, 가족구조의 변화

인구 네트워크는 젠더와 가족구조의 변화에도 중요한 영향을 미치고 있다. 이주는 가족 단위나 개인 단위로 이루어지지만, 아세안 지역의 이주 노동자는 대부분 저숙련, 단기 노동계약과 가족통합이 제한된 이주 조건에 있기 때문에 개인 단위의 이주가 일반적이다. 개인 단위 이주의 경우에도 출신지 가족과 다양하게 관계를 유지하고 재적응하는 전략을 추구하기도 한다. 일반적으로 가장이 고향을 떠난 경우, 이주자는 남아 있는 가족에게 송금을 하고 가족관계를 확대 유지한다. 그러나 점차 가족으로부터 분리되고 가족의 역학관계도 변화한다. 오랫동안 분리된 생활에서 한부모 가족이 생기는 경우도 드물지 않다. 미혼인 경우 이주는 새로운 지역 문화에 참여하는 계기가 되고 독립적인 생활이 가능하여 기존의 가족관계에서 자유로울 수 있다. 전통적인 가부장 가족관계에 예속되었던 여성들은 가족 밖의 사회에 참여하고 독립적인 소득을 구할 수 있다(Hugo, 2002). 또한 이주한 여성들은 다양한 형태로 모성을 유지하는 전략을 취하기도 한다. 일반적으로 자녀의 이주에 따라 세대관계가 약화되거나 변화되는 경향이 있는데, 비농업 소득을 통해 부부단위 가구 형성이 가능해지고, 노부모의 자녀에 대한 의존성이 증가하고, 노부모 부양이 정기적인 형태에서 간헐적인 돌봄 상황으로 전환되는 경우도 있다(Arias, 2013).

이주에 의해 지역사회와 가족관계가 변한 예로서 개혁 개방 이후 중국조선족 공동체의 변화에 주목할 수 있다. 조선족은 중국사회에서 높은 교육수준을 갖고 지구화 시대 각종 사회 변화에 대응하여 비교적 강한 적응력과 유동성을 가졌다. 가족계획을 다른 민족보다 빨리 실행하였고 개혁 개방 이후 정착지를 떠나 도시를 비롯한 외국으로 나가 사회적 이동의 기회를 적극적으로 찾았다. 이런 과정에서 전통적인 남녀불평등의 가족관계가 변화되기도 한다. 부모와 자녀 세대가 분리되면서 독립적인 가족관계가 형성되는 부분도 있다. 복종을 강요당한 여성에게 시장경제에의 참여는 기존의 가부장적 지배로부터 탈출의 기회를 제공하여 전통적인 성별분업 논리를 벗어나 스스로 경제활동의 주체가 되고, 가족관계 내에서의 지위도 높아지는 부분도 있다(전신자, 2007). 그러나 조선족 사회의 매우 낮은 출산율과 인구 유출은 조선족 공동체 사회의 지속가능성에 큰 긴장을 일으키고 있다. 학령이동이 계속 줄어들어 민족교육이 어려운 상황이 되고, 홀로 남겨진 아동과 노부모의 부양과 돌봄 문제가 제기된다. 경제활동 인구의 지속적인 유출로 공동체 지역의 경제가 활력을 잃고 있는 문제도 제기된다(권태환 편저, 2005).

젠더관계는 인구이동과 인구 네트워크에 매우 중요한 차원이 된다. 이주와 젠더관계는 다중적인데 보내는 나라와 받는 나라의 젠더화된 노동시장, 정책, 사회문화 조건에서 이주의 결정, 과정, 결과가 형상화되기 때문이다. 여성 혹은 남성 이주가 선택된 동기, 과정, 결과로서의 이주자의 삶과 사회적 영향에는 현지국과 출신국의 노동시장, 국가정책, 시민권, 사회적 규범 차원에 배태된 젠더관계의 영향이 중요하게 작용한다(Jolly, Reeves, and Piper, 2005). 이주를 선택하는 동기, 맥락, 과정, 결과에 개입된 가족전략, 노동시장, 사회의식, 국가정책이 모두 특정한 젠더관계를 생산한다. 점차 여성은 독립적인 이주자 집단을 대표하고 있다. 이는 노동수요의 변화와 젠더관계의 중층적인 영향에 따른다. 한편으로 고숙련 노동과 저숙련 서비스직 노동에 대한 수요가 늘어나고 불평등한 젠더 이데올로기가 작용하면서, 저숙련 서비스 노동, 성산업, 돌봄노동에 참여하는 여성이 증가하게 되었다. 후발국의 젊은 미혼 여성은 도시의 노동집약적 산업화에 따라 저임노동력으로서 도시로 유입되고 있다. 이 과정에서 상시화된 글로벌 위기와 해외자본의 단기 투자성향의 강화 등으로 고용안정과 장기 숙련 형성에서 배제되는 경향이 있다. 특히 아시아 지역에서 강한 가족 내 젠더 규범과 역할 분업은 이들 노동력의 경력 단절을 강화하고 정당화한다.

각국의 젠더화된 가족 분업구조는 자국 내 여성의 노동시장 기회를 실질적으로 제약하고 인구구조에 영향을 미칠 뿐 아니라 이주의 특정 패턴을 만들어내고 있다. 여성 이주의 대표적인 범주가 되는 돌봄노동과 결혼이주는 여러 지역에서 재생산 및 돌봄인구의 부족 현상에서 비롯되었다. 그리고 재생산, 돌봄인구의 부족 현상에는 아시아 지역의 발전주의, 가족 중심의 복지체계, 성불평등한 노동구조의 위기 현상이 복잡하게 작용하고 있다. 앞서 제시했듯이 만혼화, 성비불균형, 저출산과 고령화의 인구불균형 현상이 심화된 데에는 젠더 불평등한 가족관계와 문화적 요인의 영향이 크다. 인구불균형에 적응하는 과정에서 젠더 불평등한 가족관계와 사회제도 및 사회 인식이 변화되는 부분도 있지만, 인구 네트워크를 통해 외부에서 자원을 동원하는 전략도 강화되고 있다. 돌봄노동과 국제결혼 이주는 재생산 노동의 부족에 대한 계급적 대응으로 구분되기도 한다. 돌봄노동이주는 현지국 중산층 가정에서 필요한 돌봄노동의 수요에 따라 이어진 돌봄의 연계이고, 국제결혼이주는 현지국에서 가족과 돌봄을 유지하기 어려운 하층계급이 거주지역의 이점을 통해 돌봄과 재생산을 동원하는 전략으로 활용되기도 한다.

1990년대 중후반 북한의 경제난 이후 많은 북한주민이 월경했는데 이주자는 여성이 주를 이루었다(박경숙, 2013: 277-278). 이는 북한사회에서 상대적으로 낮은 여성의 지위와 잉여 요인도 있었지만 중국 농촌지역에서의 비혼 남성의 과잉이 유인한 현상이다. 즉 두 지역의 인구불균형이 서로 유인과 유출 요인으로 결합되어 작용한 현상이다. 중국, 필리핀, 베트남, 인도네시아는 돌봄노동과 국제결혼 이주를 보내는 나라이고, 일본, 싱가포르, 한국, 대만, 홍콩 등은 돌봄노동과 국제결혼 이주를 받아들이는 나라로 구분할 수 있다. 돌봄이주를 보내는 나라와 받는 나라의 불평등한 젠더 관념과 정책은 이주 상황에서 여성의 가사중심적 동화, 배제, 통제를 강화한다(Cheng and Choo, 2015).

한국사회에 지속적인 젠더화된 일과 가족관계는 여성 이주민의 노동을 규정하고 활용하는 방식에 상당한 영향을 미치고 있다. 돌봄 여성노동자의 지위는 모국과 현지국의 경제력 차이, 불평등한 고용관계 속에서 가족 아닌 가족원으로 돌봄 역할을 수행하고 있다. 그리고 국제결혼은 성차별과 왜곡된 성인식에서 교환가치를 지닌 하나의 상품으로 취급하는 힘에 의해 주변국 여성이 중심국 남성과 여성에게 식민화되는 문제점이 내포되어 있다(김현미·김민정·김정선, 2008; 이수자, 2004). 상품화와 가부장적인 성차별의 논리에서 사랑과 신뢰, 친밀성이 담보되고 의사결정권이 박탈된다. 돌봄이주 여성과 국제결혼 여성은 동시적 공간에 문화의 분절, 역사와 사회 의식의 소통의 어려움을 체험하고 있다.

이주와 젠더의 관계는 이처럼 보내는 나라와 받는 나라에서 가족, 제도, 관념, 정책에 전방위적으로 작용하는 젠더관계에서 구성되어 다중적인 영향을 포함하고 있다. 점차 여성들의 독립적인 이주가 증가하고 이주를 통해 여성들이 경제적으로 독립성을 높이고 부당한 억압으로부터 탈출하는 기회도 가질 수 있다. 여성이 이주하고 남겨진 배우자, 자녀들과의 관계가 변할 수 있다. 여성은 송금을 통해 가족관계 유지와 자녀교육에 중요한 역할을 한다. 지리적으로 떨어져 있지만 국경을 넘어서 모성을 수행하기도 한다. 서로 다른 헤게모니를 가지는 젠더관계의 이념과 조우하면서 오래된 관계에 도전하거나 타협하며 새로운 가치를 강화하기도 한다.

그렇지만 이주의 선택, 과정, 결과에서 성차별적인 노동구조, 가족관계, 정책, 규범에 의해 비등록, 부당한 고용 지위, 강제송환, 성차별, 인신매매, 보호받지 못하는 존재가 될 수 있는 위험도 있다. 대체로 국가의 이주정책의 관점은 안전과 경제적 효용의 관점에서 엄격하게 제한하고 통제하는 계층화된 통과정책을 유지하고 있다. 그럼에도 유입의 동기가 지속되면서 비공식적 이주 채널이 만들어지고 이주자의 권리를 침해할 수 있는 상황들이 존재한다(Pessar, 2005). 페서는 난민 여성의 경험을 여성주의 시각에서 해석한다(Pessar, 2005). 여성 난민은 다양한 신체 폭력에 노출되고, 정착 상황에서 다시 가부장적인 관계에 종속되고 시민사회에 주체적인 참여가 제한되기도 하지만, 초국가적 시민권과 여성주의 사상에 영향을 받아 기존의 젠더관계에 도전하기도 한다. 이주는 젠더관계 변화에 매우 중요한 실험실이 되고 있다.

3) 성원권과 다문화주의, 탈국가주의, 초국가주의와의 접속

인구는 시점, 공간, 그리고 성원의 삼요소로 그 경계가 이루어진다(박경숙, 2017: 20). 그리고 현재에 이르는 어느 시간 동안 국가라는 통치공간에서 인구의 경계가 단단하고 안정되어 보였다. 대한민국 헌법 제3조에서는 "대한민국의 영토는 한반도와 그 부속도서로 한다"고 명시하고 있다. 그렇다면 2015년 시점에서 대한민국의 영토에 상주(常主)하고 있는 인구는 누구를 가리키는가. 가장 큰 범주는 상주하는 내국인과 외국인일 것이다. 내국인은 한국 국적을 가진 자이고 외국인은 한국 국적을 가지지 않은 자로 구분된다. 다시 한국 국적을 가진 자는 태어날 때 한국인 부모에게서 태어나거나, 한국인 부모에게 입양·인지되거나, 결혼이나 다른 이유로 한국적으로 귀화하거나 입양된 사람이다. 여기서 좀 더 세분하면 부모는 생물학적인 부모와 법적으로 인지되는 부모로 구분될 수 있다. 이렇게 인구의 수 한 명을 집계하기 위해서도 수많은 범주들이 작용하고, 그 범주들이 국민이나 가족 등의 성원권을 구분하고 있다는 것을 확인할 수 있다. 요컨대 인구는 그 성원으로 파악되는 사람이 누구인가를 가리키는 기준에 의하여 경계가 구분되고 정의된다.

인구를 정의하는 가장 기본적인 성원권의 기준을 속인주의와 속지주의로 구분할 수 있다. 속지주의는 어떤 공간에서 실제 생활하고 있는 사람을 성원으로 인정하는 관점이다. 실질적 생활에 기초한 성원의식은 이동이 활발하고 다민족으로 구성된 사회에서 여러 이민 배경을 가진 사람들을 통합하는 과정에서 구성된 성원의식일 수 있다. 이와 달리 속인주의는 멀리는 오래 전부터 살았다고 가상되는 원주민의 조상으로부터, 가깝게는 그 사회의 성원으로 인정된 부모로부터 혈연으로 이어지는가가 성원의 기준이 되는 관점이다. 혈통에 기초한 성원의식은 가족, 친족, 민족정체성이 강한 사회의 특징일 수 있다. 한국인의 가장 근원적인 성원의식에는 혈연에 바탕을 둔 가족과 민족 범주의 영향이 강하고 이는 인구를 정의하는 법적 범주로도 작용하고 있다. 어떤 사회의 성원이 속인주의와 속지주의 기준을 갖는가는 국적, 시민권, 그리고 민족정체성이 형성된 역사적·사회적 맥락을 반영한다.

지구 단위로 시장이 확대되고 더 나은 삶을 위한 이동의 흐름이 강화되고 다양한 이민 배경을 가진 사람들의 구성이 늘어나고 있다. 한국에서도 다양한 체류 자격과 조건 속에서 이주민들이 늘어나고 있고, 이주민들의 인구, 사회, 경제적 영향이 커지고 있다. 외국인노동자, 유학생, 결혼이민여성, 해외동포, 북한주민들의 복잡하고 다양한 한국사회 내의 접속은 정치, 경제, 문화, 사회통합의 측면에서 많은 영향을 미칠 것이다.

시민권이란 국가, 가족, 젠더, 계급관계와 시민사회의 관계에서 직조되는 성원의 가치와 성원권을 의미한다. 시민권은 사회의 다양한 성원의 정치, 경제, 사회, 문화적인 권리로 확대되어왔다. 시민권이 추구하는 자유와 평등의 가치는 처음부터 모든 개인에게 보편적으로 전제된 것이 아니라 국민국가, 계급, 젠더, 인종 관점에서 통합과 배제 원리가 공존했고 페미니즘, 노동자연대, 시민사회에 의해 지속적으로 도전을 받아왔다.

이주는 시민의 성원권과 정체성을 중층적으로 도전한다. 우선 혈통 중심의 시민권 원리에 도전한다. 종족적·혈통적 성원권은 흔히 가부장적인 국가권력과 사회질서와 불평등한 젠더관계를 유지하는 경향이 강하다. 일반적으로 국민국가 성원의 자격은 속지주의와 속인주의로 구분하지만 나라마다 이주, 영주, 귀화의 조건이 다양해지면서 속지주의와 속인주의 사이의 회색지역에 속하는 사회가 많이 존재한다(설동훈, 2013; Bloemraad, Korteweg, and Yurdakul, 2008). 한국은 혈통주의 원칙이 강했지만 분단과 해외 동포의 차별적인 통합 관점에서 민족, 동포 내부의 위계적인 구분이 강화되고 있다.

이주자가 현지사회에 동화하고 통합되는 방식에도 분화와 분절적인 현상이 지적된다. 젠더, 계급, 인종적 조건이 결합되어 상향으로 동화되는 사람이 있는가 하면 하층계급으로 동화되는 이주자가 있다. 이주 조건의 다양성은 젠더, 계급, 인종적 구분과 교차되어 선택적이고 위계적인 시민권으로 분화된다. 단순히 국적을 가진 자와 갖지 않은 자의 지위가 분절되는 것이 아니라 법적 거주 자격과 이주조건에 따라 이주자의 정치, 경제, 사회적 권리가 다양해진다.

이주는 다양한 이민 배경을 가진 사람들이 공존하면서 문화의 다양성을 증가시킨다. 다문화주의 담론은 다양한 이주 배경을 가진 성원들의 문화적 고유성을 존중하는 것을 강조한다. 한편 다문화주의 담론은 규범적이고 탈정치적인 경향이 있으며 그 결과 소수민족 문화에 작용하는 억압적 권력 이슈를 간과하는 문제들이 제기된다. 또한 지구적인 경제통합 속에서 복수의 언어를 구사할 수 있는 지식인들은 다문화주의의 확산과 다문화정책 추진으로 인해 활동 반경이 넓어진다. 다문화를 상대로 하는 사업이나 활동 등에서 이익 또한 얻을 수 있다. 하지만 다문화에 대한 실용적 능력을 갖춘 지식인에 비해 일반 대중은 다문화주의로 얻을 수 있는 이익이 크지 않다. 결국 복수의 언어를 구사하고 숙련지식이 있고 다문화의 자본을 가지고 있는 고학력 지식인들은 지구화를 찬성하지만, 일반 서민들은 다문화주의와 국제주의에 반대하는 민족주의의 경향이 나타나 정치적 갈등으로 이어지는 현상도 부각된다.

이주는 이처럼 국가 단위 내에서 시민권이 전제하는 자유, 평등권의 내적 분화와 다차원적 교차 현상을 부각시킨다. 나아가 이주는 국가 단위를 넘어서거나 연계하는 측면에서 새로운 시민권의 쟁점을 부각시킨다(Bloemraad, Korteweg, and Yurdakul, 2008). 국가 단위를 넘어서는 성원권과 정체성의 쟁점은 지구적으로 생산과 시장을 통합하는 다국적 기업의 활동과 국민국가 성원에 관계없이 개인의 완전한 권리 보호를 주장하는 활동에서 부각된다. 한편 국가를 연계하는 시민권의 쟁점은 국민국가 중심의 성원권의 종언이 아니라 탈영토화나 재영토화 현상으로 접근하고 있다(이철우, 2008). 이중국적을 허용하는 국가는 이주자의 송금과 같이 이주자의 지속적인 헌신을 기대하고, 이주자도 다양한 현지국과 출신국 사이의 관계를 유지하는 것을 고려하고 있다.

여성 이주는 돌봄과 재생산과 밀접히 연관되므로 기존 시민권 프레임을 도전하는 쟁점들을 제기한다. 돌봄이주와 재생산은 국민국가의 성원과 비성원을 재생산하는 주제로서 노동이주에 비해 좀 더 근본적인 차원에서 시민권 개념 논쟁을 이끌어낸다고 논의된다(Shipper, 2010; 황정미, 2011). 이주여성은 여성의 독립성을 제약하고 비대칭적인 젠더의식을 재생산하는 국가정책, 노동시장, 민간중개업, 가족관계, 젠더 이데올로기의 중층적인 영향에 상처를 받지만 또 그 비대칭적인 시민권에 도전하는 위치에 있다. 이주여성은 국가 경계를 연결하면서 모성을 추구하고, 새롭게 가족을 형성하면서 국민 성원을 새롭게 재생산하고 있다.

마지막으로 다양한 이주자를 통합하는 방식은 나라마다 다르고 그 결과가 발전과 시민들의 역량 개발에 상이한 영향을 미친다는 점을 강조하고 싶다. 한국의 이주자에 대한 정책은 발전주의 관점과도 연관되어 지나치게 단기적인 경제적인 효용과 노동시장 수요 관점과 성원으로서의 통합을 엄격히 제한하여 사회갈등을 일으킬 가능성이 커지고 있다. 이민자들에 대해 무조건적인 동화나 배제를 당연시하는 입장은 외국인 이주자 집단의 영향력이 강화되고 사회문화적 역량이 일정 수준으로 보전될 때 저항에 부딪치며 갈등이 발생하게 된다. 캐나다와 호주와 같은 사회에서는 이주자를 미래의 시민으로 전제하고 이주민을 사회경제적으로 통합하고 이주민에 대해 긍정적이다. 그와 대비해 한국과 일본에서는 외국인과 이주민에 대한 부정적인 인식이 크다. 이민자의 유입에 의해서 저임금이 고착되고 일자리를 빼앗기고 사회불안을 조성한다는 의식도 강하다.

5. 맺는말: 지속가능한 발전을 위한 거버넌스의 과제

지금까지 인구현상에 대한 인식, 연구방법, 그리고 인구에 대한 사회정책적 관심을 지배한 관점은 경제적 효용과 부국안전 이념이었다. 그런데 기존의 논의들은 일국 중심의 경제적 효용과 성장에만 관심이 치우쳐 인구현상에 배태된 좀 더 복합적인 정치, 경제, 문화적인 차원과 생명현상의 의미를 간과했다. 또한 점차 복잡해지고 불균형적인 인구현상을 파악하고 적절한 대응을 마련하는 데 한계가 있다.

한편 인구, 경제, 젠더 불평등 현상과 인구현상이 점점 글로벌-로컬 차원에서 중첩되고 연결되고 있다. 한국이 경험하고 있는 인구위기, 경제저성장 위기의 중첩성은 인구, 경제, 정치적 환경이 네트워크화되는 상황에서 더욱 심화될 수 있다. 인구 네트워크를 조성한 사회경제적 불평등의 힘과 논리가 국가 경계를 넘어 확대되어 인구동태에 영향을 미치고, 이것이 다시 인구, 사회 불평등 구조를 심화하는 악순환구조가 형성될 수 있기 때문이다. 국가별로 차등적인 소득과 노동 기회는 인구이동을 촉진하지만, 유입국에서 이주민에 대한 차별적 대우는 현지와 출신지의 불평등을 강화할 수 있다. 노동시장과 가족관계의 젠더 불평등은 인구구조 불균형을 심화한 중요한 요인인데 인구 네트워크를 통해 젠더 불평등 구조가 더욱 강화될 가능성도 크다. 또한 상시화된 자본유동성으로 인해 불평등한 젠더 규범이 강화될 수 있다. 돌봄노동이 국제적 돌봄 분업체계에 편입되면서 젠더 불평등의 계급, 국적 차원의 중첩 현상이 커질 수 있다.

이렇게 네트워크로 기존의 인구, 경제, 사회적 불균형과 불평등 위험이 더욱 심화될 수 있는 것은 한국사회가 근대화 과정에서 추진해온 발전의 성격과 관련이 깊다. 단기적인 경제적 효용만을 중시하는 발전논리는 개인의 삶의 질과 경제적·정치적 역량을 충분하게 실현하는 방향으로 향하지 않았다. 오히려 발전논리가 강화될수록 불평등이 심화되고 삶의 실존이 위협받고 급기야 인구재생산과 발전 자체가 의문시되는 상황에 이르게 되었다.

결국 인구, 경제, 사회, 문화, 정치적 조건이 네트워크가 되어 전개될 수 있는 발전의 향방을 결정하는 중요한 과제는 경제적 효용만을 중시한 발전주의 틀에서 벗어나서 점차 다원화되는 시민들 개개인의 경제, 문화, 정치적 역량을 지원하는 제도와 정책의 실현이다. 다양한 성원의 삶의 역량을 강화하고 사회성원으로 인정하는 분배와 인정의 정의가 실현될 수 있어야 한다. 그렇지 않을 경우 자유무역, 지구화, 다문화는 다층위(multisectional)의 차별과 배제 메커니즘으로 작용하기 쉽다. 오래된 차별이 약화되어 새로운 차별기제로 대체되기보다 다양한 차별범주들이 결합되어 차별의 덫을 더욱 깊게 하고 개인들을 파편화할 수 있다.

지역마다 차이가 나지만 인구구조의 불균형과 사회경제적 불평등 문제는 이제 국가 수준을 넘어 서로 연결됨으로써 파급력이 강력해질 수 있다. 그럼에도 지속가능한 발전과 개인의 삶의 역량을 보호하기 위한 글로벌한 파트너십은 아직까지 제한적이다. 위로부터의 지구화를 추인하고 있는 다국적 기업과 자본은 지구적 수준에서 시민들의 삶과 인구동태에 커다란 영향을 미치고 있지만 위험관리에 있어서는 적극적이지 않다. 시장 메커니즘의 전 지구적 확대와 자본의 흐름 속에서 더 나은 삶을 찾기 위한, 위험 분산을 위한 개인들의 대응 방식도 다양해질 것이다.

인구, 정치, 경제, 문화의 지구적·지역적 네트워크에서 지속가능한 발전과 개인의 시민권을 실현하기 위해서는 국가와 시민사회, 국제사회를 연결하는 협력적 거버넌스가 필요하다. 인구동태의 네트워크는 현지 지역과 그 주민들을 지구적인 사회, 경제, 이주 시스템과 연결시키고 사회, 문화, 경제적 변환을 추인하는 복합체다. 인구 네트워크의 균형적인 인구, 사회, 경제적 영향을 위해서 국가와 시민사회의 적극적인 역할이 중요하다. 효과적인 정치, 경제적 개혁과 연대 모색에 실패한다면, 지구화의 압력은 지속가능한 발전에 기여하기 어려울 수 있다. 글로벌-로컬 협력 공생의 관점에서 고소득국가와 저소득국가의 연계, 국가간과 국가 내 다양한 행위자의 연계, 유입인구와 유출인구 정책의 연계가 확대되어야 할 것이다. 다양한 주민과 이주민의 관점을 엮으면서 통합정책의 변화와 요인을 분석하고 글로벌-로컬 협력 공생의 제도, 행위, 연계적 조건들을 실현해야 할 것이다.

참고문헌

권태환 편저, 2005, 『중국 조선족사회의 변화: 1990년 이후를 중심으로』, 서울대학교출판부.

김영정, 1993, 「한국 도시 지역 경제성장의 영향요인 분석, 1968-1985년」, 『한국사회학』 27: 189-218.

김현미·김민정·김정선, 2008, 「안전한 결혼이주?: 몽골여성들의 한국으로의 이주과정과 경험」, 『한국여성학』 24(1): 121-153.

대통령직속 저출산고령사회위원회, 2006, 「5개년 저출산 고령사회 기본계획 수립」.

박경숙, 2013, 『북한사회와 굴절된 근대: 인구, 국가, 주민의 삶』, 서울대학교출판문화원.

박경숙, 2017, 『인구학 방법: 인구동태의 측정과 모형』, 서울대학교출판문화원.

박경숙·김현식·송유진·이희길·심수진, 2015, 『인구통계 프레임워크 작성』, 통계개발원.

박배균, 2015, 「도시-지역 연구에서 관계론적 사고를 둘러싼 논쟁」, 허우긍·손정렬·박배균 편, 『네트워크의 지리학』, 푸른길.

설동훈, 2013, 「국제인구이동과 이민자의 시민권」, 『한국인구학』 36(1): 21-50.

오경환, 2012, 「저출산의 정치경제학: 프랑스 제3공화국 전반기의 인구위기와 〈프랑스 인구증가를 위한 국민연합〉」, 저출산·고령화 대응 학술심포지엄-저출산부문, 한국보건사회연구원.

이삼식, 2015, 「저출산정책의 성과 평가 및 향후 정책 방향」, 저출산정책 왜 실패했나? 정책 진단과 대안모색, 한국가족학회 2015년 춘계학술대회자료집.

이삼식·오영희·이윤경·최효진, 2009, 「2008년도 저출산고령사회정책 성과평가」, 보건복지가족부 · 한국보건사회연구원.

이수자, 2004, 「이주여성 디아스포라: 국제성별분업, 문화혼성성, 타자화와 섹슈얼리티」, 『한국사회학』 38: 189-219.

이철우, 2008, 「주권의 탈영토화와 재영토화」, 『한국사회학』 42(1): 27-61.

이현옥, 2016, 「동아시아 맥락에서의 돌봄레짐 변화와 이주의 여성화」, 『경제와 사회』 110: 239-269.

전신자, 2007, 「중국 조선족 여성들의 국제결혼으로 본 조선족사회 가족 변화」, 『여/성이론』 16: 57-77.

정령, 2013, 「외래인구 유입이 상해시 연령구조의 변환에 미치는 영향」, 『한국인구학』 36(3): 121-146.

정성호, 2012,「저출산정책의 효과성에 관한 연구」,『한국인구학』35(1): 31-52.
정성호, 2015,「성과 없는 저출산정책, 무엇이 문제인가?」, 2015년 한국인구학회 전기 학술대회 발표문.
정이환, 2013,『한국 고용체제론』, 후마니타스.
제나, 2017,「중국사회 결혼스퀴지 현상의 인구학적 요인 분석」, 서울대학교 사회학과 석사학위 논문.
황정미, 2011,「초국적 이주와 여성의 시민권에 관한 새로운 쟁점들」,『한국여성학』27(4): 111-143.
李汉东·李流, 2012,「中国2000年以来生育水平估计」,『中国人口科学』2012年 第5期.
王桂新·潘泽瀚·陆燕秋, 2012,「中国省际人口迁移区域模式变化及其影响因素: 基于2000 和2010年人口普查资料的分析」,『中国人口科学』2012年 第5期.

Arias, P., 2013, "International migration and familial change in communities of origin: Transformation and resistance," *Annual Review of Sociology* 39: 429-450.
Bloemraad, I., Korteweg, A., and Yurdakul, G., 2008, "Citizenship and immigration: Multiculturalism, assimilation, and challenges to the nation-state," *Annual Review of Sociology* 34: 153-179.
Borenstein, E., De Gregorio, J., and Lee, J. W., 1998, "How does foreign direct investment affect economic growth?" *Journal of International Economics* 45(1): 115-135.
Cheng, C. M. C. and Choo, H. Y., 2015, "Women's migration for domestic work and cross-border marriage in east and southeast Asia: Reproducing domesticity, contesting citizenship," *Sociology Compass* 9: 654-667.
De Haas, H., 2007, "Remittances, migration and social development: A conceptual review of the literature," *Social Policy and Development Programme* 34, United Nations Research Institute for Social Development.
Gereffi, G., Humphrey, J., and Sturgeon, T., 2005, "The governance of global value chains," *Review of International Political Economy* 12(1): 78-104.
Hugo, G., 2002, "Effects of international migration on the family in Indonesia," *Asian and Pacific Migration Journal* 11(1): 13-46.
Jolly, S., Reeves, H., and Piper, N., 2005, *Gender and migration: Overview report*, Institute of Development Studies.
Lee, H., 2012, "Political economy of cross-border marriage: Economic development and social reproduction in Korea," *Feminist Economics* 18(2): 177-200.
Lipsey, R. E., 2004, "Home- and host-country effects of foreign direct investment,"

Challenges to Globalization: Analyzing the economics, edited by R. E. Baldwin and L. A. Winters, University of Chicago Press.

Livi-Bacci, M., 2012, *A Concise History of World Population*, John Wiley & Sons. (Massimo-Livi-Bacci, 2009, 송병건·허은경 옮김, 『세계인구의 역사』, 해남)

Maimbo, S. M. and Ratha, D. eds., 2005, *Remittances: Development impact and future prospects*, World Bank Publications.

Mosley, L. and Singer, D. A., 2015, "Migration, labor, and the international political economy," *Annual Review of Political Science* 18: 283-301.

Nam, E. Y., 2013, "Social risks and class identification after the financial crisis in Korea," *Development and Society* 42(2): 237-262.

Pessar, P., 2005, "Women, gender, and international migration across and beyond the Americas: Inequalities and limited empowerment," *Expert Group Meeting on International Migration and Development in Latin America and the Caribbean* 30: 1-26.

Portes, A., 2006, "Migration and development: A conceptual review of the evidence," *Migration and Development: Perspectives from the South*, Bellagio Study and Conference Centre.

Ratha, D., Eigen-Zucchi, C., and Plaza, S., 2016, *Migration and Remittances Factbook 2016*, World Bank Publications.

Ravenstein, E. G., 1885, "The laws of migration," *Journal of the Statistical Society of London* 48(2): 167-235.

Rogers, A., 1995, *Multiregional Demography: Principles, methods, and extensions*, Wiley.

Selwyn, B., 2014, "Commodity chains, creative destruction and global inequality: A class analysis," *Journal of Economic Geography* 15(2): 253-274.

Seo, J. S. and Suh, C. S., 2006, "An analysis of home country trade effects of outward foreign direct investment: The Korean experience with ASEAN, 1987-2002," *ASEAN Economic Bulletin* 23(2): 160-170.

Shipper, A. W., 2010, "Introduction: Politics of citizenship and transnational gendered migration in East and Southeast Asia," *Pacific Affairs* 83(1): 11-29.

Sobotka, T., 2003, "Re-emerging diversity: Rapid fertility changes in Central and Eastern Europe after the collapse of the communist regimes," *Population* 58(4): 451-485.

Todaro, M., 1981, *Economic Development in the Third World*, Longman.

UNDP, 2010, *Human Development Report 2010: The Real Wealth of Nations: Pathways to Human Development*, UNDP.

Vallin, J., 2006. "Europe's demographic transition 1740-1940" *Demography: Analysis and*

Synthesis 3, edited by G. Caselli, J. Vallin, and G. Wunsch, Academic Press, pp. 41-66.

Van de Kaa, D. J., 1987, "Europe's second demographic transition," *Population Bulletin* 42: 1-59.

Vargas-Silva, C., Jha, S., and Sugiyarto, G., 2009, "Remittances in Asia: Implications for the fight against poverty and the pursuit of economic growth," Asian Development Bank Economics Working Paper 182.

Wasserman, S. and Faust, K., 1994, *Social Network Analysis: Methods and applications* 8, Cambridge University Press.

World Bank, 2012, "Remittance flows in 2011: An update," *Migration & Development Brief* 18(4), World Bank.

World Bank, 2016, *Migration and Remittances Factbook 2016*, World Back Publication.

통계청, 2010, 경제활동인구조사, http://kostat.go.kr/portal/korea/kor_ki/3/3/2/index.board?bmode=read&aSeq=161833(2016년 6월 검색).

UN Statistics, 2016, http://www.un.org/en/development/desa/population/(2016년 6월 검색)

제3장

두 가지 관점에서 본 아시아 도시 네트워크

권규상(국토연구원) · 손정렬(서울대학교 지리학과)

1. 세 가지 키워드: 아시아, 도시, 그리고 네트워크

헤게모니 국가의 주기적 전환을 주장한 이탈리아의 사회학자 조반니 아리기(Giovanni Arrighi)는 『장기 20세기(*Long Twentieth Century*)』에서 이탈리아-영국-미국의 세기를 거쳐 헤게모니 순환에 따라 일본을 중심으로 한 아시아가 세계의 패권경쟁에 주도권을 잡을 것으로 예견했다. 2007년에 발간된 『베이징의 애덤스미스(*Adam Smith in Beijing*)』에서 그는 그동안 수집한 자료와 분석을 통해 새로운 대안국가는 일본이 아닌 중국임을 주장했다. 이후 중국의 경제 형태에 대한 아리기의 여러 논의에 대해서는 다양한 비판이 제기되었다. 2008년 글로벌 금융위기 당시 미국 헤게모니의 종말을 주장한 학자들도 더러 있었으나 미국은 살아남았고 다른 국가보다 더 빠르게 위기를 극복하고 있는 것으로 보인다. 그럼에도 아리기가 생전에 주장한 것처럼 일본, 중국 등 아시아 국가가 세계경제에서 새로운 축으로 부상하고 있다는 것 또한 반박할 여지없이 분명한 사실이다. 20세기 이후 아시아는 2010년까지 연평균 6.18%의 놀라운 경제성장을 이뤄냈다(고준호·김선웅·최유진, 2015). 특히 중국은 미국과 어깨를 나란히 하는 G2로 부상했고, 냉전시대 소련이 미소경쟁을 유발했던 것과 달리 미중경쟁을 유발하고 있다. 최근 중국 중심의 아시아인프라투자은행(AIIB), 신개발은행(NDB), 긴급외환보유액지원기금 등의 설립은 미국 주도의 국제금융기구에서 탈피한 아시아 중심의 경제지형 형성을 드러내고 있다.

전후 일본을 중심으로 한 동아시아 경제의 부상과 몰락, 최근 중국을 중심으로 한 새로운 아시아 중심 체계의 형성은 각각 일본과 중국이라는 개별 국가의 힘과 정치적 논리, 경제적 번영만으로는 이해되지 않는다. 1970년대 일본을 중심으로 한 동아시아 경제가 부상한 이유는 미국과의 플라자 합의로 인한 엔화 가치 상승에 따라 일본 자본이 동아시아의 저렴한 노동력을 활용하기 위해 역외 진출을 시도했기 때문이다. 하지만 이후 역플라자 합의로 인해 엔화 가치가 하락하고 동아시아에서 자본이 유출하면서 아시아 경제는 태국을 시작으로 심각한 금융위기를 겪었다. 최근 중국은 세계의 공장으로서의 역할에 그치지 않고 드넓은 소비시장과 축적된 자본력, 권위주의적인 정부와 자본의 동원능력 등을 앞세워 베이징 컨센서스(Beijing Consensus)를 중심으로 미국 중심의 워싱턴 컨센서스(Washington Consensus)에 대항하려는 모습을 보인다.

세계화에 대해 학자들은 저마다 견해가 다르지만, 본질적인 두 측면에서는 공통된 인식을 하는 것으로 보인다. 즉, 정보통신기술의 발달로 인한 전 지구적인 상호의존성의 증대와 생산·분배·소비의 국제화다(김인, 2005; Dicken, 2007). 즉 우리가 관심을 가져야 할 것은 개별 국가의 조건과 상황뿐만 아니라 세계적인 조건과 국가들 간의 경제적·사회적 관계이며, 특정 국가의 번영과 위기는 다양한 관계, 즉 네트워크 속에서만 이해할 수 있다는 것이다. 아시아도 여기에서 예외는 아니다.

네트워크 관점이 없이 세계화 속의 경제적 번영을 이야기하는 연구들은 문제의 원인을 국가영토나 행정구역상 도시라는 경계 내의 속성에서 찾는다. 분명 경계 내 속성이 문제의 원인일 수 있으나 실제로 그 속성은 경계 밖의 흐름과 밀접한 관계를 맺는다. 특히 세계화가 진척되고 연결성이 높아지며 저성장이 지속되는 상황에서 내부 속성을 통해서만 경제활력을 증진시키는 것은 매우 어려운 일이다.

이 책의 후반부에서 논의할 정치적 측면의 국가 간 네트워크와 달리 경제적 측면의 네트워크를 국가라는 영토적 스케일을 중심으로 이해하는 것은 세계화 시대에 매우 제한적인 정보만을 전달한다. 이제 국가 경제력의 부상은 해당 국가 전체의 경제적 번영을 의미하지 않는다. 국가 간에서뿐만 아니라 국가 내부에서도 지리적 불균등은 점차 심화되고 있다. 대도시와 중소도시, 수도권과 비수도권의 대립과 같이 우리나라 내부에서 발생하는 국토 불균형의 문제에서부터, 국가의 공간 선택성이 드러나는 송도국제도시, 상하이의 자유무역구 등과 같이 국가가 전략적으로 산업화와 경제성장을 위해 배치한 경제특구 등으로 인해 지리적으로 불균등한 발전은 그 자체로 성장의 결과이기도 하지만 성장의 촉매제로서 활용되기도 한다(이승욱·박배균, 2016). 특히 국가의 산업화와 경제성장을 적극적으로 추진하는 아시아 발전주의 국가의 특성을 고려하면 일부 번영된 지역을 중심으로 경제관계가 형성되어 있음을 예상하게 한다.

아시아의 경우 경제성장의 현실을 파악하기 위해 국가에서 도시로의 관점 전환이 더 크게 요구된다. 세계경제는 신제품의 연구개발과 금융지원, 다국적 자본의 생산기지, 이를 위한 노동력의 제공 등 다양한 경제활동을 위해 도시를 중심으로 공간조직을 재편하고 있다. 특히 아시아에서는 국가의 수도와 금융, 제조업에 특화된 일부 지역 등 대도시를 중심으로 세계경제에서 경쟁과 협력관계를 형성한다. 즉 도시와 국가의 경제성장을 이해하기 위해서는 단순히 일국 스케일에 머무르는 방법론적 국가주의(methodological nationalism)와 영역주의(territorialism)를 넘어서야 한다.

1990년대 말 동아시아 위기로 인해 큰 침체를 맞았던 아시아는 2008년 미국발 글로벌 금융위기 이후 새롭게 도약 중이다. 기존에 동아시아를 중심으로 한 금융위기 연구들은 금융위기의 원인을 다각도로 분석하면서 내인론, 외인론과 같이 특정 요소만으로 현상을 이해하기 보다 대내외 요소의 상호연계로 문제를 이해한다(임혜란, 2000). 하지만 대부분의 연구들은 개방경제의 일반적인 취약성 혹은 전 세계 자본주의의 변화라는 추상적인 논의에 머무르고 있다. 좀 더 논의를 구체화한다면 각 국가와 도시가 어떻게 연결되어 있으며, 아시아는 세계경제에서 어떤 위치를 차지하고 있는지, 세계경제의 조직과 변화가 도시를 중심으로 형성된다면(Csomós and Derudder, 2014) 아시아 도시의 관계망은 전 세계 도시와의 관계 속에서 어떻게 질적으로 변화했는지를 탐색할 필요가 있다. 이 장은 2008년 글로벌 금융위기를 중심으로 최근 아시아 도시 네트워크의 변화를 살펴봄으로써 세계 속에서 아시아 도시가 어떤 네트워크 특성을 지니며 발전해왔는지 탐색해보고자 한다.

지금까지 도시 네트워크를 다룬 연구들은 대개 글로벌 스케일에서 수행되었으며, 그 과정에서 아시아가 주목을 받기도 했으나(Taylor *et al.*, 2012; Derudder *et al.*, 2013) 아시아 전체가 아닌 중국을 중심으로 한 논의가 많았다. 특히 테일러 등(Taylor *et al.*, 2012)은 중국 사회과학원(Chinese Academy of Social Sciences)과 공동으로 전 세계를 대상으로 한 도시 네트워크 연구를 수행한 바 있지만 아시아에서는 중국에 대부분의 분석을 할애했다. 따라서 세계경제를 전체적으로 조망하고 아시아 전반의 도시 간 관계 형성과 질적 변화를 탐색하기 위한 연구의 확장이 필요하다. 세계 속에서 아시아 도시가 그 역할을 다하기 위해서는 아시아 도시가 어떤 방식으로 세계와, 다른 아시아 도시들과 연결되어 있는지 면밀한 검토가 필요하기 때문이다.

이 글을 통해서 우리는 아시아 도시 네트워크의 형성과 변화를 탐색한다. 특히 세계경제에서 아시아의 부상을 도시 네트워크 관점에서 해석하고자 한다. 여기서는 아시아를 광의의 아시아로 간주한다. 광의의 아시아는 동북아 및 동남아뿐만 아니라 아시아-태평양 지역과 중동

〈연구 내 아시아의 범위: 광의의 아시아〉

아프카니스탄, 아르메니아, 아제르바이잔, 바레인, 방글라데시, 부탄, 브루나이, 캄보디아, 중국, 동티모르, 그루지아, 인도, 인도네시아, 이란, 이라크, 이스라엘, 일본, 요르단, 카자흐스탄, 북한, 대한민국, 쿠웨이트, 키르키즈스탄, 라오스, 레바논, 말레이시아, 몰디브, 몽골, 미얀마, 네팔, 오만, 파키스탄, 필리핀, 카타르, 사우디아라비아, 싱가포르, 스리랑카, 시리아, 대만, 타지키스탄, 태국, 투르크메니스탄, 아랍에미레이트, 우즈베키스탄, 베트남, 예멘, 러시아(극동 및 시베리아), 터키

주: 러시아는 극동 및 시베리아만 아시아로 포함되지만 분석을 위해 전체 도시를 포함, 터키는 유럽연합 가입을 원하고 있으나 여기서는 넓은 범위의 아시아를 지향하므로 포함.

출처: 브리태니커 사전.

을 포함하는데, 이는 아시아의 발달이 단순히 아시아에만 그치지 않고 아시아를 포함한 경제블록(ASEAN, APEC)과 정치적 이해관계에 의해 얽혀 있기 때문이다.

다음 절에서는 도시를 네트워크 관점에서 보는 이론적 연구들을 간략하게 소개하고 세계도시 네트워크 속에서 아시아 도시 네트워크를 분석하기 위한 방법론을 제시한다. 크게 두 가지 관점의 네트워크 분석 방법을 바탕으로 아시아 도시 네트워크의 발전 과정의 분석을 통해 도시 네트워크 과점에서 우리가 해야 할 역할을 제안하고자 한다.

2. 세계화와 도시이론의 변화: 네트워크 관점의 부상

아시아의 도시 네트워크를 탐색하기 위해서 우선 세계 속에서 도시 간 관계가 형성되는 방식을 설명한 여러 이론을 개괄적으로 살펴보는 것이 필요하다. 이론들은 아시아의 독특한 관계 형성 방식들을 설명할 수 있는 도구로 기능한다.

세계화로 경제활동의 상호의존성이 증대하고 생산·분배·소비의

국제화에 따라 자본·재화·노동이 전 세계적으로 활발하게 이동함으로써 현대사회의 경제공간은 역동적인 변화 과정을 거친다. 초기 몇몇 세계화론자들은 정보통신기술과 교통수단의 발달로 경제활동이 더는 특정 장소에 국한되지 않을 것이며, 도시 역시 세계화에 의해 소멸할 것으로 주장했다. 케언크로스가 "지리의 종말(end of geography)"(Cairncross, 1997)이라는 자극적인 단어를 통해서 거리 개념의 상실을 부각시켰지만 오히려 세계화가 진전될수록 다양한 활동의 기반으로서 도시, 지역과 같은 공간단위는 더 중요해지고 있다. 세계화와 관련되어 발생하는 다수의 현상이 모든 곳에서 자유롭게 나타나는 것이 아니라 특정 공간을 중심으로 나타난다는 사실은 이를 설명하기 위한 새로운 접근방법 혹은 이론이 필요함을 의미한다.

세계화, 특히 경제적 세계화에 따른 경제공간의 구조재편 과정에서 자본이 집적되는 장소로서 세계도시가 부각되면서 세계도시 논의는 본격화되었다. 실제로 세계도시(world city)라는 용어가 사용된 것은 괴테((J. W. Goethe)와 게데스(P. Geddes)로부터 볼 수 있으나, 세계에서 가장 중요한 업무가 수행되는 중심지로서 세계도시를 정의하는 것은 영국의 유명한 지리학자이자 도시계획가인 피터 홀(Sir Peter Hall)에게서 그 기원을 찾을 수 있다.

세계도시에 관한 논의가 더 구체화된 것은 1980년대 중반 이후 다국적 기업의 출현과 해외직접투자의 증가 등 경제활동의 세계화에 따른 변화를 설명하기 위한 논의들이 지리학 및 사회학 분야에서 제기되면서부터다(권규상, 2016a). 특히 존 프리드만(Friedmann, 1986)과 사스키아 사센(Sassen, 1991)에 의해 체계화된 세계도시론을 바탕으로 앨런 스콧(Scott, 2001a)이 제안한 세계도시지역(global city-region)에 관한 논의로 확대 발전되어왔다. 십여 년 전부터는 네트워크 개념을 사용하여 전 세계에 걸친 주요 도시와 지역 간 경제활동의 상호연계를 통해 실질적인 생산과 경제발전이 수행되고 있다는 점을 강조하는 글로벌 상품/가치 사슬(global commodity/value chain), 글로벌 생산 네트워크(global production network), 세계도시 네트워크(world city network)와 같은 개념들이 제안되었다(Coe *et al.*, 2010).

1) 프리드만의 세계도시가설(World City Hypothesis)

세계도시에 관한 논의를 본격적으로 시작한 프리드만(J. Friedmann)과 울프(G. Wolff)는 세계도시가 국가의 경계를 넘어서 세계경제에 통합해나가는 과정을 중시한다. 세계도시가 세계경제로 편입되는 과정을 설명하기 위해 이들은 신국제분업과 도시와의 관계를 논의의 한 축으로, 월러스틴(I. Wallerstein)의 세계체계론을 또 다른 축으로 설정했다. 이는 프리드만이 제안한 7가지의 세계도시가설에서 좀 더 명확하게 제시된다(Friedmann, 1986).

신국제분업의 공간조직에 관한 통찰을 바탕으로 한 프리드만의 세계도시가설은 크게 세 가지 측면으로 요약할 수 있다. 하나는 세계화와 경제구조 재편 과정에서 도시가 담당하게 되는 역할에 따라 도시의 구조와 위계가 결정된다는 점이다. 두 번째로는 그러한 역할로 말미암아 전 세계적인 자본과 노동의 집중이 특정 세계도시를 중심으로 가속화된다는 점이다. 마지막으로 세계도시에 자본과 노동이 집중되면서 나타나는 사회적인 문제, 즉 양극화와 사회적 비용의 수반을 지적하고 있다. 세계도시를 형성하는 주요 주체로서 초국적 기업을 상정하고, 이들의 자본축적 과정에서 나타나는 도시의 공간구조 변화와 역할 설정을 설명하려는 하나의 접근법이다.

세계도시의 계층 구분에서 특정 도시의 위치는 해당 도시가 세계경제에 미치는 경제적인 통제와 조정 능력에 달려 있다. 이에 프리드만은 국제금융의 중심지, 초국적 기업의 본사 입지, 사업서비스 부문 성장도, 제조업 중심지, 교통·통신의 결절지, 인구규모 등 7개 지표를 바탕으로 도시를 중심부와 반주변부, 1차 세계도시와 2차 세계도시로 구분한다. 중심부 지역의 1차 도시에는 런던이나 파리, 뉴욕, 도쿄와 같은 전통적인 국가 중심지이면서 세계적인 영향력을 가진 도시들이 포함된 반면, 반주변부 국가의 1차 도시에는 상파울루와 싱가포르 같은 신흥도시들이 속한다. 또한 중심부 지역의 2차 세계도시는 브뤼셀, 토론토, 마이애미와 같이 유럽이나 북미 지역의 도시들이 포함된 반면, 반주변부 지역의 2차 세계도시에는 요하네스버그나 홍콩, 마닐라 등과 같이 남미와 아시아 지역의 도시들이 포함되어 있다. 세계도시를 이처럼 중심부와 반주변부로 구분하는 이유는 프리드만의 세계도시 논의가 기본적으로 월러스틴의 세계체계론을 바탕으로 하고 있기 때문이다(Taylor, 2005).

프리드만은 세계경제의 구조재편 과정에서 나타나는 힘이 개별 도시의 도시화 과정에 미치는 영향력을 중시한다. 즉, "세계도시는 외부적 변화에 대한 도시적 적응의 결과물"이라는 것이다(Friedmann, 1986: 70). 이 과정에서 도시의 내생적 조건은 거의 무시되며 세계도시 간의 계층적 관계는 거시적인 틀로 짜여진 것이기에 그 내부적 속성을 통해 쉽게 변화될 수 없는 것으로 간주된다(Taylor, 2004).

2) 사센의 글로벌 시티(Global City)

프리드만이 세계도시 연구를 학문적 논의의 장으로 끌어들였다면, 사센은 세계도시를 이론적으로 정립하고자 했다(김인, 2005). 사센은 저서 『글로벌 시티: 뉴욕, 런던, 도쿄(*The Global City: New York, London, Tokyo*)』를 통해 기존의 세계도시 논의와는 차별화되는 용어로서 글로벌 시티를 제안한다. 홀(P. Hall)이나 브로델(F. Brauderl)이 세계도시라는 개념을 제안했음에도 불구하고 글로벌 시티라는 용어를 사용한 이유는 기존의 세계도시라는 용어가 갖는 속성이 자신의 논의와 맞지 않기 때문이다. 특히 세계도시라는 용어가 국제사회에서 국가별 중심도시를 뜻하는 용어로 사용되었기 때문에 현재의 변화 과정을 담을 수 없으므로 과거와 현재의 상황을 분별해서 이해하는 데 혼란이 발생할 수 있다고 보았다(Sassen, 1991; 2001a).

프리드만과 사센의 논의에서 가장 큰 차이점은 세계경제에서 경제의 세계화 및 도시공간 구조의 변화를 이끄는 주체를 무엇으로 볼 것인가에 있다. 프리드만은 그 주체로서 세계경제의 상당부분을 조정하고 통제하는 초국적 기업의 힘을 강조하는 반면, 사센은 고차생산자 서비스기업을 강조한다(Lai, 2009). 이는 '글로벌 시티의 6가지 가설'에 잘 드러나는데, 이 가설에 따르면 세계화에 따른 경제활동의 지리적 분산과 통합은 기업에 있어 중심기능의 중요성을 부각시킨다(Sassen, 2001a: 82-84). 기업의 활동범위가 전 세계로 확대되는 과정에서 중심기능은 더 복잡해지기 때문에 그에 대한 대응으로 초국적 기업은 법률, 회계, 정보통신기술 등을 아웃소싱하며 이와 같은 고차생산자 서비스기업들은 집적경제의 이점을 누리고자 특정 지역에 집중한다. 다양한 기능의 아웃소싱이 발생할 경우 본사의 입지는 오히려 자유로워질 수 있기 때문에 초국적 기업의 본사들은 이와 같은 고차생산자 서비스 기능이 잘 갖춰진 곳에 입지할 수 있다. 사센은 뉴욕과 런던, 도쿄를 사례로 들면서, 이들 도시가 혁신적인 금융서비스 산업과 생산자 서비스 기능을 전략적으로 발전시킨 것이 세계도시에서 높은 위치를 점유하게 된 이유라고 주장한다. 즉, 글로벌 시티를 단순히 '관리 및 통제센터'가 아니라 최상위 '글로벌서비스센터'로 재정의할 여지를 만들어준다는 것이다(Taylor, 2001).

도시 내의 사회적 양극화 문제는 사센이 자신의 연구를 시작하게 된 배경 중 하나였다. 도시에 고차서비스산업이 성장하면서 그 역할이 증대될수록 이러한 업무를 수행하는 엘리트 집단의 프리미엄은 증가하는 반면, 이를 지원하기 위한 미숙련 노동력의 역할은 오히려 하락하는 악순환이 발생한다(Sassen, 2001a). 이 과정에서 세계도시의 최상위 계층과 최하위 계층은 극적으로 성장하고 중간계층은 절대적으로 쇠퇴하는 양극화 문제가 심각해진다(김인, 2005). 사센은 세계도시 연구 대부분에서 특정 도시로 권력과 부의 집중이 야기하는 부정적인 영향을 논의의 중심으로 삼아왔다(유환종, 2000).

계층적 관계의 측면에서 사센의 논의는 초기 논의와 후기 논의로 나눌 수 있다(Taylor, 2001; Lai, 2009). 사센은 『글로벌 시티』 1판에서 프리드만이 7가지 지표를 통해 세계도시의 계층화를 시도했던 점과 유사하게 금융 및 기타 생산자서비스업에 관한 경험적 자료를 사용하여 도시의 계층을 구분한다(Lai, 2009). 반면 『글로벌 시티』 2판에서는 계층적 구분에서 탈피하여 도시 간 관계와 연결성에 주목하기 시작한다(Taylor, 2004; Lai, 2009). 기존에 도시 간 관계를 수직적인 층위로 보았다면, 이는 도시 간의 상호보완적인 형태나 연합(alliance)에 더 초점을 맞추려는 노력의 일환이다(Lai, 2009). 사센은 이후의 논의들(Sassen, 2001a; 2002)에서도 도시들 간의 관계를 상호보완성과 네트워크로 보려 했다.

종합하면 글로벌 시티 논의는 초국적 기업의 역할에만 중점을 두었던 기존의 세계도시 논의에서 탈피하여 세계경제를 움직이는 주요 주체로서 고차생산자 서비스기업에 주목했다는 데 그 의의가 있다. 이는 제조업 중심의 산업시대 도시와 달리 서비스업 기반의 세계화 시대에서 도시의 역할을 이해하는 데 중요한 틀을 제공해주었다(김인, 2005). 또한 세계도시 내부의 양극화 문제와 함께 세계도시를 계층적 관계로 보는 관점에서 탈피하여 도시 간 상호보완성과 네트워크를 강조하는 입장이 드러나고 있다.

3) 피터 테일러의 세계도시 네트워크(World City Network)

프리드만과 사센에 이어 세계화 속에서 도시를 이해하기 위한 두드러진 연구성과를 보인 학자는 영국 노섬브리아 대학(Northumbria University)의 피터 테일러 교수(P. Taylor)를 꼽을 수 있다. 테일러는 프리드만과 사센의 세계도시 논의가 도시를 위계 서열적으로 구분하는 데 그치고 있으며, 도시라는 결절 그 자체에는 주목하지만 결절 간의 "관계"에 관해서는 관심이 부족하다고 주장한다(Beaverstock *et al.*, 2000: 126). 즉 테일러가 주목하고자 했던 것은 세계도시 간의 '상호관계'이며 도시는 네트워크로 연결된 다양한 활동의 산물이자 과정(process)으로서 간주되어야 한다는 것이다(Taylor, 2005: 27). 테일러가 도시 간의 관계에 주목하게 된 데에는 네트워크 사회 연구로 이름을 널리 알린 마누엘 카스텔(Castells, 1996)의 연구가 크게 작용했다. 카스텔(M. Castells)은 정보사회 3부작 중 그 첫 번째인 『네트워크 사회의 도래(*The Rise of Network Society*)』에서 공간을 장소의 공간(space of places)과 흐름의 공간(space of flows)으로 구분했다. 장소의 공간과 대비된 흐름의 공간이란 정보통신기술의 발달에 의해 고정된 경계를 지닌 공간이 아닌 경계가 끊임없이 흐름에 의해 재구성되고 변화하는 공간으로 인식해야 한다는 것이다. 하지만 여기서 장소는 사라지는 것이 아니라 다만 흐름에 의해서 그 지위를 재정의하는 것일 뿐이며, 다양한 흐름은 공간상에서 활동하는 사회적 주체에 의해 구성되는 것이다. 카스텔은 그의 책에서 이를 바탕으로 사센의 글로벌 시티를 네트워크의 관점에서 확장한다. 즉 글로벌 시티라는 현상은 최상위 도시들의 개별 속성에 달린 것이 아닌 다양한 층위에 속한 도시들의 상호관계에 따른 네트워크 속에서 발현되기 때문에 "글로벌 시티

현상은 상위 계층에 있는 몇몇 도시들로 한정할 수 없다"고 주장한다(Castells, 1996: 380).

테일러와 동료학자들은 '세계화와 세계도시 연구 네트워크(Globalization and World City Research Network, GaWC, 이하 GaWC)'를 설립하고 카스텔의 네트워크 사회에 관한 논의를 바탕으로 정적인 세계도시 개념 대신 세계도시 간의 흐름과 연결성에 주목하는 연구를 수행했다. 그리고 글로벌 스케일에서 도시들 간의 관계를 "세계도시 네트워크(world city network)"라 명명했다(Beaverstock *et al.*, 2000).

GaWC는 세계도시 네트워크 개념을 통해 세계도시 간 연결성을 분석하면서, 55개의 세계도시를 10개 알파도시, 10개 베타도시, 35개 감마도시로 구분했다(Beaverstock *et al.*, 2000). 이러한 구분은 자칫 위계적인 분류로 보일 수 있는 소지가 있으나, 실제로 테일러와 동료학자들이 이러한 분류를 통해 언급하고자 하는 것은 위계적인 세계도시의 구분이 아니라 각 도시들이 세계도시 네트워크에서 긴밀하게 밀착되어 있는 정도를 파악하는 것이었다(Beaverstock *et al.*, 2000). 특히 테일러는 세계도시 네트워크상에도 '중립성'과 '상호협력'이 존재함을 주장하면서, 세계도시 네트워크가 존재하는 전제조건은 '협력'임을 강조한다(양도식, 2007). 라이는 상하이와 베이징, 홍콩을 사례로 들어 세계적인 금융 중심지로서 위의 세 도시가 상호보완관계를 구축할 수 있는지를 주목한다(Lai, 2009). 라이는 외국계 은행의 매니저 및 주식시장 운영자들과의 인터뷰를 통해서 상하이, 베이징, 홍콩의 세 도시가 금융기능에 있어서 서로 경쟁하는 관계라기보다는 상호보완적인 관계임을 주장한다. 이는 세계도시 논의에 있어 각 도시가 추구할 수 있는 전략과 역할에 많은 시사점을 던져준다. 기존의 세계도시 논의가 자본주의의 내적 구조에 따라 도시의 역할이 정의되고, 도시 간의 관계가 위계서열적으로 묘사되면서 도시가 상대적으로 발전할 수 있는 전망이나 가능성을 논의하는 것은 쉽지 않은 것이 사실이었다. 하지만 테일러가 세계도시 간의 관계를 주목하고, 협력과 상호보완성을 논의하기 시작하면서 그 가능성을 제시했다고 할 수 있다.

3. 도시 네트워크를 보는 두 가지 관점

도시 간 연결성에 주목할 때 가장 문제되는 부분은 이론적 고찰을 넘어 도시 간 정보 및 물자의 흐름을 실제 수치로 표현할 수 있는 방법론을 개발하는 것이다. 우리가 도시를 관계적으로 이해하고자 한다면 도시 간 관계는 어떻게 정의될 수 있을까? 예를 들어 통근흐름은 일정 수준의 지역 단위에서 도시 간 흐름을 이해하는 중요한 관계로 해석할 수 있다. 도시 간 관계는 도시정부 간의 자매결연이나 양해각서의 체결과 같이 도시를 하나의 주체로 간주하고 그 관계를 형성하는 것뿐만 아니라 기차, 도로, 항공망을 통한 물동량, 여객량의 흐름, 인터넷망을 통한 정보의 흐름 등 다양한 흐름이 공간상에서 흐르고 있다.

하지만 글로벌 스케일에서 도시 간 관계를 표현하기 위해 사용할 수 있는 자료는 매우 제한적이다. 이는 세계화에 따라 경제 공간 조직이 도시를 중심으로 구성되고 있음에도 불구하고 각종 통계수치를 수집하는 공간 단위는 여전히 국가 수준에 크게 의존하고 있기 때문이다. 특히 국가 내에서의 흐름에 대한 양적 자료는 국가의 재원을 통해 인구이동 자료의 전산화, 통행에 관한 설문조사, 지능형 교통체계(ITS)의 도입에 따른 도로 통행량 추정의 고도화 등으로 인해 다양한 자료가 축적되고 있지만, 글로벌 스케일에서는 국가 간의 제한적 흐름에 대한 정보 이외에 이를 통합적으로 수집할 조직이 부재하다. 국제기구의 수치들도 개별 국가들이 수집한 정보를 국제기구에 전달해서 조정하는 수준에 그치기 때문에 구체적인 세계경제의 공간조직을 이해하기에는 한계가 있었다.

이를 극복하기 위해 초기에 사용했던 자료는 항공사의 노선과 여객량, 화물량을 집계한 항공 네트워크 자료였다. 항공자료는 국제민간항공기구(ICAO)에 의해 통합적으로 수집되고 있기 때문에 공항이 위치한 도시 간 관계를 파악하는 데 매우 요긴하게 사용되었다. 하지만 항공네트워크는 각 항공사의 허브-앤-스포크(Hub-and-Spoke) 시스템에 지나치게 의존하기 때문에 도시 간의 관계를 명확히 보여줄 수 없다는 단점이 지적되었다.

GaWC에서는 이를 극복하기 위해서 대리변수로서 사센이 글로벌 시티를 제안할 때 고차생산자 서비스업을 강조했던 점에 착안하여 생산자 서비스기업의 글로벌 입지전략에 따른 기업의 내부 네트워크를 도시 간 관계의 척도로서 사용한다(Beaverstock *et al*., 2000; Taylor, 2001; 2005). 예를 들어 KPMG와 같은 글로벌 회계기업은 각국에 지역 본부와 오피스를 두고 근거리에서 고객들에게 서비스를 제공한다. 하지만 고객의 경제적 활동범위는 특정 지역에만 국한되지 않는다. 다른 국가로의 제품 판매나 새로운 해외지사 설립, 해외 바이어와의 만남 등 국가 경계를 넘어서 경제활동이 운용되기 때문에 글로벌 고차생산자 서비스기업은 고객의 활동범위를 커버할 수 있어야 하므로 각국의 오피스 간에는 긴밀한 상호협조와 정보 교류가 필요하다. 이를 도시 간 정보 교류를 나타내는 흐름으로 표현하면 도시 간 네트워크를 구성할 수 있다. 사센의 고차생산자 서비스기업의 오피스 네트워크는 글로벌 스케일에서 서비스의 흐름을 통한 경제활동의 공간조직을 유추할 수 있는 단서를 제공한다.

실제 경제공간조직은 완제품과 중간재의 흐름, 재화와 서비스를 생산하기 위한 노동과 자본의 흐름으로 구성된다. 항공 네트워크 자료가 일종의 노동력의 이동흐름을 보여주는 지표, 서비스의 흐름이 고차 생산자 서비스기업의 오피스 네트워크를 통해 구성된다면 실제 자본의 흐름은 어떻게 보여줄 수 있을까? 국가 간 자본 유출과 유입에 관한 통계지표는 존재하지만 도시 단위에서 이를 구축하는 것은 매우 어려운 문제다. 하지만 고차생산자 서비스기업의 오피스 네트워크에서 엿볼 수 있는 것처럼 이들의 고객인 초국적 기업은 경제 활동을 위해 자회사망을 구축할 경우 실질적인 자본이 투자된다. 따라서 이들의 자회사망을 구체적으로 탐색함으로써 세계경제를 구성하는 자본흐름을 유추할 수 있다.

도시 네트워크는 특정한 대상으로만 한정될 수 있는 것이 아니라 도시 간에 발생하는 다양한 흐름을 포괄하는 용어며, 어떤 대상을 중심으로 분석하고 해석할 것인지는 연구자의 주제와 문제의식에 달려 있다. 즉, 도시 네트워크는 다중성(multiplexity)과 이질성(heterogeneity)을 지니고 있기 때문에 무엇을 분석의 대상으로 다루어야 할지를 결정하는 것이 중요하다(Burger *et al*., 2014). 도시 네트워크의 다중성과 이질성을 인정한다면 기업의 내부조직망에 의해 구성된 네트워크는 우리가 대상을 보는 방식에 따라 다양하게 구성할 수 있다.

초국적 기업 내부의 지사와 자회사들이 어디에 얼마나 분포하고 있는지를 알고 있다면 그림 3-1과 같이 그 분포를 하나의 표로 나타낼 수 있다.[3] 두 도시 간 흐름이 초국적 기업의 자본투자에 따른 내부조직망에서 발생하는 물자나 정보의 흐름이라고 할 때, 그 강도는 두 도시에

3 분석을 위한 초국적기업은 『포춘(*Fortune*)』지에서 매해 발표하는 글로벌 500대 기업을 분석대상으로 삼았다. 해당 기업에 대한 조직망 자료는 130여만 개 글로벌 기업의 정보를 보유한 LexisNexis Corporate Affiliations에서 수집했다.

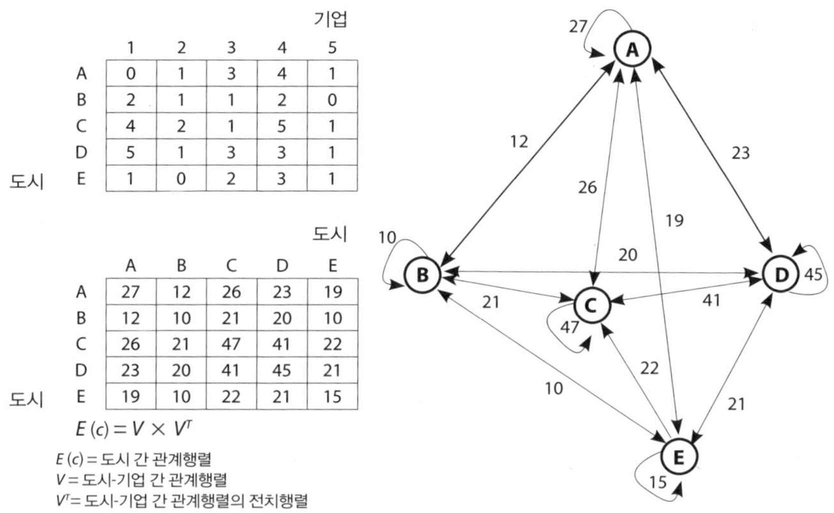

		기업				
		1	2	3	4	5
	A	0	1	3	4	1
	B	2	1	1	2	0
	C	4	2	1	5	1
	D	5	1	3	3	1
도시	E	1	0	2	3	1

		도시				
		A	B	C	D	E
	A	27	12	26	23	19
	B	12	10	21	20	10
	C	26	21	47	41	22
	D	23	20	41	45	21
도시	E	19	10	22	21	15

$E(c) = V \times V^T$

$E(c)$ = 도시 간 관계행렬
V = 도시-기업 간 관계행렬
V^T = 도시-기업 간 관계행렬의 전치행렬

그림 3-1. 인터로킹 네트워크 모형을 활용한 초국적 기업 내부 조직망의 도시 네트워크

입지한 개별 기업의 자회사 수에 의해 결정된다고 가정하면[4] 우리는 그림 3-1과 같이 두 도시 간의 흐름을 도시-기업으로 구성된 행렬식으로 계산할 수 있다. B도시와 C도시에 모두 자회사를 가진 1번 기업은 B도시에 2개, C도시에 4개의 자회사를 가지고 있다. 2번 기업은 B도시에 1개, C도시에 2개의 자회사를 가지고 있다. 기업 내부에서 정보가 흐른다고 할 때 B도시와 C도시 간의 흐름은 1번 기업이 (2×4)=8만큼의 흐름을, 2번 기업이 1×2=2만큼의 흐름을 창출한다. 즉 (2×4)+(1×2)+(1×1)+(2×5)+(0×1)=21만큼의 흐름이 B와 C 도시 간에 형성되었다고 보는 것이다. 각 수치가 실제 현실을 정확하게 반영한다고 볼 수는 없지

4 고차생산자 서비스기업을 주요 네트워크 형성 주체로 다루는 GaWC에서는 고차생산자 서비스기업의 오피스는 한 도시에 여러 개 입지하지 않기 때문에 오피스의 수보다는 오피스의 중요도를 0~5등급으로 나누어 도시별로 부여하는 방법을 택했다.

만, 그럼에도 계산이 간단하고 주장이 분명하다는 장점 때문에 이 방법은 도시 네트워크 연구에 널리 활용되었다. 이를 개발한 테일러는 이를 인터로킹 네트워크 모형(interlocking network model, INM)이라 불렀다. 마치 기계의 연동관계처럼 기업 수준의 내부망을 통해서만 도시 간 관계망을 구축할 수 있다는 점을 표현하기 위함이었다.

반면 미시간대학의 사회학자 재커리 닐(Zachary Neal)은 인터로킹 네트워킹 모형의 유용성에도 불구하고 도시 네트워크의 특징을 잘 드러내지 못한다고 주장했다(Neal, 2013). 기업의 자본투자와 그에 따른 흐름에 있어서 중요한 점은 단순히 자본을 많이 투자하는 것이 아니라 기업이 어떤 전략적 목표와 입지 선택을 노리느냐에 달려 있다. 대도시일수록 기업을 수용할 수 있는 기본적인 역량이 높기 때문에 인터로킹 네트워킹 모형에서 연결도가 높게 나타날 수밖에 없다. 이는 마치 중력모형에서 지역 간 흐름이 인구와 같은 규모에 의존하는 것과 같다. 네트워크의 본질은 단순히 도시의 규모에 의존하지 않는다. 오히려 네트워크 내에서 중요한 위치를 차지하고 있는 도시를 선별하는 것이 더 중요하다. 즉 인터로킹 네트워킹 모형이 무차별 대입(brute force)과 같이 기업의 전략성을 고려하지 않고 무작위적인 방법으로 표현된 단순한 외연에만 집중하는 것을 넘어서서 기업이 도시를 선택하는 분급작용(sorting process)에 주목할 필요가 있다(손정렬, 2011).

도시의 규모에 의해서만 형성되는 무작위적(random) 관계와 실제 기업의 전략적 입지 과정에서 형성된 분포(non-random)를 구분하기 위해서는 다소 복잡한 방법론이 필요하다. 기업의 도시별 입지분포 자료만으로는 왜 특정 기업이 특정 도시를 선택했는지 불분명하기 때문이다. 왜냐하면 도시의 규모가 클수록 일반적으로 입지할 수 있는 기업의 수가 많아지고 공동 입지할 수 있는 기업의 수도 증가할 것이기 때문에, 단순하게 연결도를 측정한다면 해당 도시의 연결도가 높은 이유는 도시가 전략적으로 중요한 장소이기 때문이 아니라 단순히 규모가 크기 때문이다. 즉 단순하게 측정한 대도시들 간 관계의 강도는 무작위적으로 발생하는 자연스러운 현상일 수 있으며, 두 도시가 기업들에게 전략적으로 중요한 장소이기 때문에 나타나는 현상이 아닐 수 없다. 만약 두 도시 간 공동 입지한 기업의 수가 무작위적이라는 귀무가설을 확률적으로 기각할 수 있다면 두 도시 간 관계는 전략적인 관계에 있다고 할 수 있다. 닐은 다양한 입지요인 중 무엇이 중요한지를 파악하는 것은 어렵지만 단순히 규모만으로 선택되지 않는 특수한 관계들을 추려냄으로써 도시 간 관계에서 상대적으로 전략적인 위치를 차지한 도시를 판별할 수 있는 방법론을 제시했다.

$$P(I_{ij}) = 1 - \int_0^x \frac{\binom{F}{X}\binom{F-X}{C_i-X}\binom{F-C_i}{C_j-X}}{\binom{F}{C_i}\binom{F}{C_j}}$$

F: 총 기업 수, X: 두 도시에 공동 입지한 기업 수, C_i, C_j, : i, j 도시의 수용 능력(총 입지 기업 수)

위의 식은 두 도시에 입지한 기업의 수가 무작위적일 확률을 계산한 것이다. 이를 자세하게 소개하면 다음과 같다. 전체 기업의 수와 A와 B 도시의 규모에서 보유할 수 있는 최대 기업의 수가 정해져 있으며, 보유할 수 있는 최대 기업의 수는 현재 해당 도시에 입지한 기업 수라고 가정한다. A와 B 도시는 보유할 수 있는 최대 기업의 수만큼 전체 기업에서 무작위로 기업들을 보유할 수 있다. 기업의 입지 패턴이 무작위적이라고 할 때 기업이 두 도시에 공동 입지할 수 있는 확률에 비해 현재 두 도시에 공동 입지한 기업의 수가 더 많다면 이는 두 도시 간에 특별한 관계가 있다고 생각할 수 있다. 통계적 유의성을 따라 본 연구에서는

$p < .01$ 이하일 때 두 도시 간 관계는 무작위적이라는 귀무가설을 기각할 수 있다고 보았으며, 두 도시 간 관계가 무작위적이지 않다는 의미는 특정한 기업 전략이 반영된 중요한 관계로 판단할 수 있다.

무차별 대입과 분급작용 관점 중 어떤 것이 '옳다'고 말할 수는 없을 것이다. 예를 들어 무차별 대입은 최상위 도시들을 보여주기에 적합하고, 분급작용은 전략적이기 때문에 생각지 못했던 소규모 도시들 간 관계를 드러내는 데 더 적합하다(Neal, 2013: 1287). 두 관점에서 아시아 도시 네트워크가 세계도시 네트워크에 접합된 방식을 알아봄으로써 아시아 도시들의 접합방식을 좀 더 면밀하게 살펴볼 수 있다.

4. 두 가지 관점에서 본 아시아 도시 네트워크의 특성

1) 무차별 대입(Brute Forces) 관점

표 3-1에서는 무차별 대입에 의해 구성된 초국적 기업의 조직망을 통한 세계도시 네트워크에서 아시아 도시가 가진 상대적인 연결도를 나타내고 있다. 아시아 내에서는 도쿄가 세계도시 네트워크에 가장 잘 접속되어 있으며 싱가포르, 홍콩이 도쿄 다음으로 아시아 내에서 전 세계에 잘 연결되어 있다. 2006년과 2008년 전 세계에서 가장 높은 네트워크 연결도를 지닌 도시는 뉴욕이었으며 2013년에는 파리에 그 자리를 내주었다. 이는 2008년 금융위기로 인한 뉴욕의 상대적 하락에 의한 결과다.

사실 도쿄의 연결도가 높은 것은 일본 내부와 해외로의 활발한 영업망 확장 때문이다. 우선 일본 제조업체는 점차 해외 진출을 늘려왔는데 김규판 등에 따르면 일본 제조업체의 해외법인은 1997년 6,555개에

표 3-1. 무차별 대입에 의한 세계도시 네트워크에서 아시아 도시의 네트워크 연결도

순위	도시명	2006	도시명	2008	도시명	2013
1	도쿄	46.48	도쿄	51.13	도쿄	78.16
2	싱가포르	32.47	싱가포르	34.39	싱가포르	43.17
3	홍콩	27.02	홍콩	27.08	홍콩	34.36
4	방콕	17.83	방콕	19.79	상하이	30.78
5	쿠알라룸푸르	17.64	쿠알라룸푸르	17.98	방콕	23.75
6	서울	13.42	상하이	15.20	쿠알라룸푸르	18.94
7	상하이	12.51	서울	14.51	이스탄불	17.83
8	타이페이	10.59	타이페이	11.19	모스크바	16.36
9	이스탄불	10.05	이스탄불	10.64	서울	14.45
10	자카르타	9.88	자카르타	9.74	베이징	14.42
11	모스크바	8.42	베이징	9.68	자카르타	13.79
12	베이징	8.40	모스크바	8.79	타이페이	13.47
13	마닐라	8.28	마닐라	8.21	오사카	11.84
14	뭄바이	6.07	뭄바이	7.61	뭄바이	10.90
15	오사카	4.80	뉴델리	5.61	두바이	8.40
16	두바이	4.66	오사카	5.48	마닐라	8.34
17	뉴델리	3.95	두바이	5.02	뉴델리	7.94
18	카라치	3.36	호치민	3.72	요코하마	6.78
19	가와사키	3.32	카라치	3.61	텔 아비브	5.32
20	광저우	3.28	광저우	3.53	광저우	5.23

주: 각 시기별 연결도가 가장 높은 도시(2006, 2008년: 뉴욕, 2013년: 파리)에 대한 비율.

서 2009년 8,399개로 지속적으로 증가했다(김규판·이형근·김은지, 2011). 내부적으로도 과거 일본의 해외 진출의 교두보 역할을 했던 일본의 종

합상사들은 기존 사업의 분사를 통한 자회사화, 합자투자 등을 통한 신규 자회사의 설립, 기존 기업에 대한 지분 참여 등을 통해서 수많은 연결자회사와 관계회사를 보유하고 일본 내에서는 도쿄를 중심으로 수직적인 계층구조를 형성하고 있다. 특히 금융위기에 상대적으로 충격이 덜했던 아시아 기업들은 미국 금융기업의 침체 시기에 오히려 영업망을 확장하여 아시아 도시들의 네트워크 연결도를 증가시켰다.

대체로 아시아 도시는 2006~2013년 동안 상대적으로 전체적인 네트워크 연결도가 상승했다. 초국적 기업의 내부조직망을 도시 간 관계를 구성하는 주체로 바라보고 있기 때문에 이 결과는 초국적 기업들이 아시아를 중심으로 그들의 조직망을 확장해나간 결과라 볼 수 있다. 이는 단순히 아시아 밖 기업들의 성장으로만 설명할 수 없다. 전통적으로 강했던 일본과 한국 기업들과 더불어 중국 기업들은 2000년대 초반 이후 그 영향력을 전 세계로 확장했다. 가장 주목할 만한 사건은 2015년 『포브스』에서 발표한 글로벌 기업 순위에서 중국공상은행(ICBC), 중국건설은행, 중국농업은행, 중국은행이 나란히 1, 2, 3, 4위에 오른 것이다. 표 3-2에 따르면 해당 시기에 네트워크 연결도가 크게 상승한 도시는 도쿄, 상하이, 싱가포르, 모스크바, 이스탄불, 홍콩, 오사카, 베이징 등 전통적으로 연결도가 높았던 도시들이 더 많은 연결을 가져가는 것을 볼 수 있는데, 특히 상하이의 성장은 괄목할 만하다. 이는 크게 두 가지 원인에 기인한다. 첫째, 중국 국영기업들의 성장으로 인해 그 영향력을 확대해나가는 과정에서 상하이를 자본운용의 중심지로 활용하고 있기 때문이다. 둘째, 중국 본토시장에 접근하기 위해 상하이를 교두보로 삼는 수많은 초국적 기업의 존재로 인해 상하이의 영향력이 커졌을 수 있다.

개별 도시의 네트워크 연결도가 아닌 도시 간(city-dyad) 연결을 살펴보면 무차별 대입 관점에서 아시아 도시 네트워크의 특성이 더 잘 드

표 3-2. 2006~2013년 사이 네트워크 연결도가 증가한 상위 20개 아시아 도시(무차별 대입)

순위	세계 순위	도시명	표준화 변화량
1	1	도쿄	15.29
2	6	상하이	8.71
3	10	싱가포르	5.18
4	16	모스크바	3.74
5	17	이스탄불	3.67
6	18	홍콩	3.54
7	21	오사카	3.30
8	26	베이징	2.83
9	27	방콕	2.82
10	30	요코하마	2.33
11	32	뭄바이	2.24
12	37	뉴델리	1.83
13	39	자카르타	1.82
14	41	두바이	1.71
15	44	쑤저우	1.62
16	52	타이페이	1.33
17	55	텔 아비브	1.17
18	60	나고야	1.11
19	62	히로시마	1.00
20	68	하노이	0.91

주: 연결도 변화량 계산에 대한 자세한 분석방법은 Taylor and Derudder(2016: 167) 참고.

러난다. 표 3-3을 보면 금융위기 이전까지 아시아 도시 네트워크는 도쿄가 유럽과 북미 도시들과 긴밀히 연결되어 있으면서 다른 상위도시

표 3-3. 무차별 대입에 의한 세계도시 네트워크에서 아시아 도시를 중심으로 한 도시 간 네트워크 연결도

순위	도시명	2006	도시명	2008	도시명	2013
1	도쿄-뉴욕	50.57	도쿄-뉴욕	56.42	도쿄-뉴욕	71.36
2	싱가포르-뉴욕	28.99	싱가포르-뉴욕	32.52	도쿄-싱가포르	61.15
3	도쿄-LA	28.56	도쿄-런던	29.27	도쿄-런던	55.71
4	홍콩-뉴욕	27.30	도쿄-파리	28.98	도쿄-오사카	49.90
5	도쿄-파리	25.76	홍콩-뉴욕	28.26	도쿄-상하이	45.79
6	도쿄-런던	25.00	도쿄-LA	26.92	도쿄-홍콩	45.64
7	도쿄-싱가포르	24.40	도쿄-싱가포르	26.55	도쿄-방콕	35.66
8	홍콩-런던	21.74	홍콩-런던	22.46	도쿄-파리	33.85
9	싱가포르-홍콩	20.48	싱가포르-파리	21.31	싱가포르-파리	33.17
10	싱가포르-파리	20.34	싱가포르-런던	21.08	도쿄-LA	30.82
11	도쿄-홍콩	19.76	도쿄-홍콩	20.24	홍콩-파리	30.81
12	싱가포르-런던	18.65	싱가포르-홍콩	19.40	싱가포르-뉴욕	29.86
13	도쿄-시드니	15.15	도쿄-시드니	16.87	도쿄-시드니	29.14
14	방콕-뉴욕	15.04	도쿄-시카고	16.78	홍콩-뉴욕	27.79
15	홍콩-파리	14.71	방콕-뉴욕	16.30	싱가포르-런던	27.64
16	도쿄-시카고	14.28	도쿄-오사카	15.92	홍콩-런던	25.90
17	도쿄-방콕	14.16	홍콩-파리	15.90	싱가포르-홍콩	23.35
18	방콕-파리	14.05	방콕-파리	15.80	도쿄-자카르타	22.12
19	도쿄-토론토	13.83	도쿄-방콕	15.73	이스탄불-파리	20.98
20	도쿄-상파울루	13.81	도쿄-상파울루	15.48	요코하마-도쿄	20.83

주: 각 시기별 연결도가 가장 높은 도시 간 연결에 대한 비율(2006, 2008년 뉴욕-LA, 2013년 뉴욕-런던). 음영은 아시아 도시 간 연결

들도 아시아 내부에서보다 외부와의 연결을 긴밀히 맺고 있는 양상이 나타나고 있다. 싱가포르나 홍콩과 같이 아시아 도시 중 세계도시 네트워크에서 중요한 위치를 점유하고 있는 도시들은 아시아 지역 내부의 연계보다 외부와의 연계가 더 강했고 그 연결이 도시를 유지하고 있는 동력임을 알 수 있다. 홍콩과 싱가포르는 해외자본에 의해 성장한 도시다. 따라서 홍콩 혹은 싱가포르 고유의 자본을 바탕으로 연결되기보다는 여러 해외자본이 아시아 진출의 교두보로 삼고 있는 도시로서 기능한다는 점이 네트워크 특성에도 반영된다(Wall and van der Knaap, 2011).

주목할 만한 사실은 2008년 금융위기 이후 아시아 지역이 위기에 대응하는 과정에서 상대적으로 아시아 지역 내부 연결이 더 강화되었다는 사실이다. 특히 2008년까지 아시아 지역 내부 연결은 도쿄를 중심으로 도쿄-싱가포르-홍콩의 삼각흐름이 주된 흐름으로 작용했다. GaWC의 최근 연구결과들은 고차생산자 서비스기업의 조직망 흐름을 통해 아시아 지역 내에서 중국 중심의 베이징-상하이-홍콩의 삼각흐름의 부상을 주목했다(Lai, 2009). 하지만 지금까지 세계경제에서 아시아 도시들 간의 자본흐름은 일국 스케일을 넘어 아시아 지역 내부에서 좀 더 큰 삼각흐름으로 구성되어 있다. 즉 기존의 도쿄-싱가포르-홍콩의 삼각흐름뿐만 아니라 도쿄의 영향력이 확대되면서 도쿄-오사카, 도쿄-상하이, 도쿄-방콕 등의 흐름이 더 강화되고 있다(그림 3-2).

2) 분급작용(Sorting Process) 관점

도시의 규모에 크게 의존하는 무차별 투입은 대도시 위주의 네트워크 조직을 보여주지만, 분급작용에 의해 형성된 세계도시 네트워크는 기존에 무차별 투입에서 드러나지 않았던 도시들의 생존방식을 드러낸다.

분석기간 동안 분급작용에 의해 연결된 도시는 대략 전체 도시의

A. 2006년

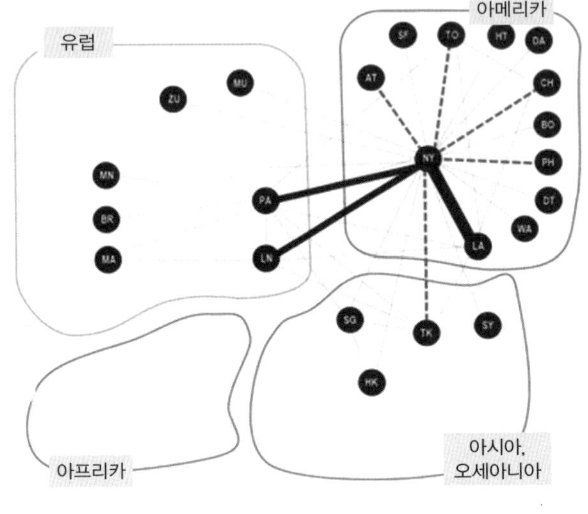

B. 2013년

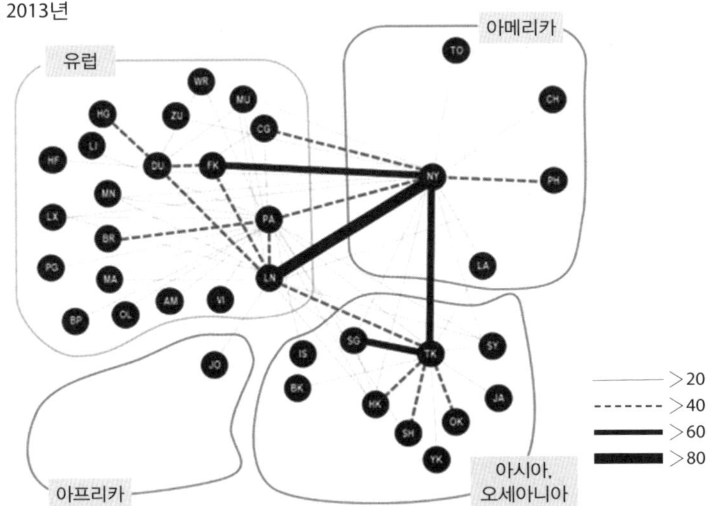

그림 3-2. 무차별 대입 관점의 세계도시 네트워크

주: 1) 연결강도가 20 이상인 연결만 제시. 2) AM(Amsterdam), AT(Atlanta), BK(Bangkok), BO(Boston), BR(Brussels), BP(Budapest), CH(Chicago), CG(Cologne), DA(Dallas), DU(Dusseldorf), FK(Frankfurt), HG(Hamburg), HF(Hofheim), HK(Hong Kong), HT(Houston), IS(Istanbul), JA(Jakarta), JO(Johannesburg), LA(Los Angeles), LN(London), LX(Luxembourg), LI(Lisbon), MA(Madrid), MN(Milan), MU(Munich), NY(New York), OK(Osaka), OL(Oslo), PA(Paris), PH(Philadelphia), PG(Prague), SF(San Francisco), SG(Singapore), SH(Shanghai), SY(Sydney), TK(Tokyo), TO(Toronto), WA(Washington DC), WR(Warsaw), VI(Vienna), YK(Yokohama)

1/10 수준에 불과하다. 전 세계에서 2006년에는 317개, 2008년 318개, 2013년은 고작 466개 도시만 하나 이상의 분급작용에 의한 연결을 갖고 있을 뿐이다. 당시 네트워크에 속한 전체 도시는 2006년 2,231개, 2008년 2,250개, 2013년 2,924개였다. 즉 전체의 15%만이 규모에 의한 무작위적 관계가 아닌 분급작용에 의해 특정한 목적이 두드러지게 나타나는 네트워크에 편입되어 있는 것이다.

분급작용에 의한 네트워크는 아시아 도시들의 강세를 명확하게 보여준다. 아시아 도시는 2006년 42개, 2008년 41개에서 2013년 99개로 두 배 이상 증가했다. 즉 전체의 약 13% 수준에서 21% 수준으로 증가한 것이다. 링크 수준에서도 2006년에는 전체 4,950개의 연결 중에서 1,486개의 연결이 아시아 도시와 연결되어 있었으며, 그중 201개가 아시아 도시들 간의 연결이었다. 하지만 2013년에는 전체 11,474개 중에서 4,260개가 아시아 도시와 연결되어 있었으며, 그중 682개가 아시아 도시들 간의 연결이었다. 즉 전체의 30%를 차지하던 아시아 도시와의 연결이 37%로 증가했으며 아시아 도시들 간의 연결도 소폭 상승했다. 즉 아시아 도시들은 대도시로 성장하고 있을 뿐만 아니라 초국적 기업에 의해 전략적으로도 연결됨으로써 세계경제에서 지속적으로 유리한 위치에 있다. 표 3-4는 분급작용에 의한 네트워크에서 아시아 도시들의 순위를 나타내고 있다. 얼핏 보기에는 표 3-1과 표 3-4의 도시와 순위는 유사해 보인다. 여전히 대도시들이 상위 20위를 차지하고 있고 순위 또한 일부를 제외하고는 비슷한 수준인 듯 보이기 때문이다. 하지만 결정적인 차이는 무차별 대입에 의한 네트워크에 비해 분급작용에 의한 네트워크에서 도시들 간 연결도의 격차가 더 작다는 것이다. 표 3-1에서 2006년 도쿄의 연결도가 최상위 연결도를 지닌 뉴욕의 46%에 불과했다면, 표 3-4의 분급작용에 의한 네트워크에서 같은 시기 도쿄의 연결도는 최상위 연결도를 지닌 파리의 68% 수준에 달했다. 무차별 투

표 3-4. 분급작용에 의한 세계도시 네트워크에서 아시아 도시의 네트워크 연결도

순위	도시명	2006	도시명	2008	도시명	2013
1	도쿄	68.57	싱가포르	74.29	홍콩	88.72
2	홍콩	66.19	홍콩	73.33	싱가포르	86.97
3	싱가포르	65.71	도쿄	69.05	도쿄	83.96
4	방콕	51.43	방콕	62.38	방콕	72.68
5	쿠알라룸푸르	49.05	쿠알라룸푸르	49.52	상하이	63.16
6	자카르타	45.71	서울	46.67	서울	60.40
7	서울	43.81	자카르타	45.71	쿠알라룸푸르	54.14
8	타이페이	43.33	타이페이	44.76	베이징	52.38
9	마닐라	41.43	상하이	43.81	자카르타	49.62
10	이스탄불	40.00	마닐라	42.38	타이페이	48.37
11	상하이	37.14	이스탄불	41.90	모스크바	48.37
12	모스크바	34.29	모스크바	36.19	이스탄불	46.87
13	베이징	31.90	뭄바이	35.24	마닐라	38.60
14	뭄바이	30.00	베이징	33.81	뭄바이	35.59
15	두바이	23.81	뉴델리	28.10	두바이	33.33
16	뉴델리	21.90	두바이	24.29	뉴델리	33.08
17	카라치	18.57	카라치	20.48	호치민	22.06
18	텔 아비브	16.19	텔 아비브	19.05	텔 아비브	20.55
19	광저우	15.71	광저우	17.14	방갈로	20.30
20	호치민	10.95	호치민	15.71	광저우	17.04

주: 각 시기별 연결도가 가장 높은 도시(파리)에 대한 비율.

입에서 연결도가 20 이상인 도시는 2013년에도 고작 5개에 불과했다. 즉 최상위 연결도를 지닌 뉴욕이나 파리의 20% 수준의 연결도 가지지

표 3-5. 2006~2013년 사이 네트워크 연결도가 증가한 상위 20개 아시아 도시(분급작용)

순위	세계 순위	도시명	표준화 변화량
1	1	방콕	3.97
2	2	상하이	3.45
3	3	베이징	3.45
4	4	홍콩	3.43
5	6	서울	2.55
6	7	모스크바	2.32
7	11	싱가포르	1.90
8	15	도쿄	1.73
9	18	뉴델리	1.65
10	21	방갈로	1.54
11	25	두바이	1.45
12	28	호치민	1.41
13	30	하노이	1.40
14	37	이스탄불	1.21
15	44	쿠알라룸푸르	1.12
16	46	리야드	1.06
17	47	텐진	1.06
18	52	타이페이	0.98
19	53	두바이	0.96
20	60	자카르타	0.88

주: 연결도 변화량 계산에 대한 자세한 분석방법은 Taylor and Derudde (2016: 167) 참고.

못한 도시들이 대부분이었다. 하지만 분급작용을 통해 도시들 간 전략적인 관계들만 추려서 살펴보면 아시아 도시들은 2013년에 19개 도시들이 최상위 도시인 파리의 20% 수준 이상의 연결도를 지니고 있다. 무차별 대입에 의한 네트워크에서 네트워크를 간략화하면 아시아 도시들은 네트워크 내에서 거의 드러나지 않는다. 이는 아시아 도시들이 어떤 방식으로 성장하고 있는지 전혀 답해주지 않는다. 유럽과 북미 중심의 세계도시 네트워크에서 블랙홀(black hole)처럼 남아 있을 뿐이다(Short, 2004). 도시의 규모에 의해서 결정되는 네트워크가 아닌 기업의 전략적 행동을 통해 구성되는 네트워크는 아시아 도시들이 유럽이나 북미에 비해 낮은 연결도를 지니고 있음에도 성장할 수 있는 이유를 보여준다.

분급작용 관점의 네트워크에서 아시아 도시의 연결도의 성장률을 살펴보면 아시아 도시의 부상은 좀 더 명확해진다. 아시아 도시들은 무작위적인 관계를 넘어서 전략적 관계들의 성장이 가장 빠르다. 2006~2013년 사이 분급작용에 의한 네트워크 연결도의 증가를 살펴보면 전체 상위 10개 도시 중 6개가 아시아 도시였다. 방콕이 가장 큰 증가세를 보이고 있으며 상하이, 베이징, 홍콩 등 중국 주요 도시들의 연결도 또한 급격하게 상승하고 있다. 그뿐만 아니라 기존에 무차별 대입의 네트워크 체계에서 눈에 띄지 않았던 하노이나 톈진, 리야드 등의 도시도 상승세가 가파르다. 전략적 관계들은 단순히 도시 규모 확장을 통한 연결도 증가와 발전을 넘어 도시의 위치를 세밀하게 조정하면서 도시성장의 길을 열 수 있다는 점에서 중요하다. 또한 단순한 규모에서는 보이지 않았던 도시들이 세계경제 속에서 자신의 위치를 찾아나가는 방식을 알려준다는 점에서 유용하다.

5. 세계 속의 아시아

아시아 도시는 지난 몇 년 동안 꾸준히 성장하고 있다. 특히 2008년 금융위기 이후 북미와 유럽의 혼란을 틈타 전략적인 우위를 점하여 세계 경제 내에서 중요한 기점으로 자리 잡고 있다. 그렇다면 글의 서두에서 언급한 것처럼 아시아는 금융위기를 기점으로 새로운 헤게모니를 쥘 수 있을까? 미래를 예측하거나 명확한 답을 내리는 것은 매우 어렵지만 적어도 미국의 세기에 대항할 만큼의 세력을 키울 수 있는 여지는 충분해 보인다. 여전히 규모 면에서는 미약하지만 기업의 전략적 관계들을 포용할 만큼의 능력이 있기 때문이다. 특히 분명히 말할 수 있는 사실은 이를 개별 국가나 도시의 문제로 볼 것이 아니라 도시를 통한 네트워크 체계의 관점에서 보아야 한다는 것이다. 아시아 도시들 간의 경제적 상호관계는 미국 중심의 도시 네트워크를 견제할 만큼 빠른 속도로 성장하고 있고 이들 간의 결속은 점차 강해지고 있다.

중국의 세기에 대해서는 여전히 많은 논의가 필요해 보인다. 최근 중국의 성장 전망은 과거의 장밋빛 미래만을 담고 있지는 않다. 특히 국가 수준의 막강한 영향력에도 불구하고 경제성장의 축으로서 중국 도시의 성장은 최상위 수준에서 안정된 상태라기보다는 여전히 성장하고 있는 상태이며 성장의 동력이 국내 수준에 그치고 있기 때문이다. 네트워크는 경로의존성이 강하기 때문에 변화가 즉각적으로 나타나기 어렵다. 중국의 성장은 좀 더 장기적인 수준에서 지켜보아야 할 것이다.

서울은 아시아에서 주요 도시 중 하나지만 도쿄와 같은 아시아 전체를 조율하는 역할을 담당할 수 없고 중국이라는 커다란 생산 및 소비시장을 등에 업은 상하이와 같은 역할을 담당할 수 없다. 네트워크 측면에서 서울에서 필요한 관점은 도쿄와 상하이라는 신구세력을 조율하는 중간자적 역할을 담당하는 한편, 네트워크 내에서 전략적인 관계들을 형성함으로써 독특한 위치를 점유하는 것이다.

이 글의 이론적 틀인 세계도시 관점의 연구들이 비판에 직면하지 않았던 것은 아니다. 세계도시 연구들이 본 연구와 같이 도시들의 순위를 매기기 때문에 도시를 위계적 관계로 바라보고 더 높은 순위에 오르는 것을 도시의 목표로 삼는 경우가 많다. 정책입안자들이 세계도시 개념의 모호함과 불명확성을 통해 세계도시 이미지를 선택적으로 차용하여 각 도시의 정책방향을 기업친화적으로 유도하거나(Hall and Hubbard, 1998) 도시정책 및 계획가들이 세계도시의 유형을 구분하고 체계상의 순위를 매기는 것이 '국가나 도시정부가 해당 도시의 경쟁우위를 높이려는 도시마케팅의 일환'일 뿐임을 지적하는 비판 또한 존재한다(김광익·유환종, 2006: 134). 그러나 도시 네트워크를 단순히 기업가주의적 도시주의의 일부로 치부하는 것은 바람직하지 않다. 도시는 언제나 서로 관계를 맺고 있기 때문에 도시성장을 위한 전략적인 위치조정은 늘 필요하기 때문이다(권규상, 2016a). 네트워크를 구성하는 두 가지 관점에서 말하고자 하는 것은 단순한 연결의 크기뿐만 아니라 전략적인 관계를 맺고 유리한 위치를 점유하는 것이 더 중요하다는 것이다. 단 실질적인 효과와 가능성을 면밀하게 탐구하기 위해서는 풍부한 이론적·경험적 연구가 필요하다(손정렬, 2015; 권규상, 2016b).

도시 네트워크는 단순히 경제적 측면의 산물이 아니라 정치적·문화적 영향력이 깊게 반영된 결과다. 초국적 기업에 의해 구성된 도시 간 네트워크는 표면적으로는 기업 내부 입지전략의 산물이지만 그 속에는 국가별 조세제도, 국가 간 외교와 안보의 특성, 비공식적인 교류협력, 역사적·문화적 동질성 등 다양한 요인의 조건하에서 발생한 것이다. 그럼에도 우리가 도시 네트워크 개념을 통해서 그 속에 내재된 다양한 조건을 모두 이해하는 것은 불가능하다. 오히려 이는 다양한 각도에서 현상을 분석하고 그 형태를 표출함으로써 일종의 문제 제기를 하는 것이다.

따라서 본 연구는 아시아를 중심으로 도시들 간 관계를 좀 더 폭넓게 이해할 수 있다는 점에서 도시 및 사회과학 연구와 아시아 연구에 기여하는 바가 크다. 특히 기존의 도시이론은 대체로 서구 중심으로 분석, 해석되어 아시아의 특성에 맞는 도시이론이 충분히 제시되지 못한 상황이다. 본 연구는 아시아를 중심으로 세계 속에서 아시아 도시의 위상 변화를 이해함과 동시에 향후 아시아 중심의 도시이론체계 정립에 기여할 수 있다.

참고문헌

고준호·김선웅·최유진, 2015, 『서울시·아시아도시 도시정책 공유방안』, 서울연구원.

권규상, 2016a, 「도시 네트워크의 규범적 개념화에 대한 비판적 검토」, 『한국도시지리학회지』 19(2): 263-282.

권규상, 2016b, 「세계도시 네트워크에서 위치 찾기: 네트워크 위치성과 도시성장 간 관계에 대한 실증분석」, 2016 지리학대회 발표논문 요약집.

김광익·유환종, 2006, 「도시와 세계화」, 김인 외, 『도시해석』, 푸른길.

김규판·이형근 · 김은지, 2011, 『일본 제조업의 경쟁력 실태분석과 시사점』, 대외경제정책연구원.

김인, 2005, 『세계도시론』, 법문사.

손정렬, 2011, 「새로운 도시성장 모형으로서의 네트워크 도시: 형성과정, 공간구조, 관리 및 성장전망에 대한 연구동향」, 『대한지리학회지』 46(2): 181-196.

손정렬, 2015, 「영남권 도시들 간의 상보성 측정에 관한 연구: 네트워크 도시 접근」, 『한국지역지리학회지』 21(1): 21-38.

양도식, 2007, 「피터테일러: 세계화 속의 월드시티」, 『국토』 308: 89-105.

유환종, 2000, 「사스키아 사센의 세계도시론」, 『국토』 224: 116-121.

이승욱·박배균, 2016, 「동아시아 예외공간, 경제특구의 변화와 모순」, 『공간과 사회』 26(2): 5-9.

임혜란, 2000, 「동아시아 위기: 동아시아 모델과 지역경제협력」, 『국제정치논총』 40(2): 25-44.

Beaverstock, J. V., Smith, R. G., and Taylor, P. J., 2000, "World-city network: A new metageography?" *Annals of the Association of American Geographers* 90(1): 123-134.

Burger, M. J., Meijers, E. J., and van Oort, F. G., 2014, "Multiple perspectives on functional coherence: Heterogeneity and multiplexity in the randstad," *Tijdschrift voor economische en sociale geografie* 105(4): 444-464.

Cairncross, F., 1997, *The Death of Distance: How the communications revolution is changing our lives*, Harvard Business School Press.

Castells, M., 1996, *The Rise of the Network Society,* Vol. 1. *The Imformation Age: Economy, Society and Culture*, Blackwell Publishers.

Coe, N. M., Dicken, P., Hess, M., and Yeung, H. W. C., 2010, "Making connections:

Global production networks and world city networks," *Global Networks* 10(1): 138-149.

Csomós, G. and Derudder, B., 2014, "European cities as command and control centres, 2006-11," *European Urban and Regional Studies* 21(3): 345-352.

Derudder, B., Taylor, P., Hoyler, M., Ni, P., Liu, X., Zhao, M., Shen, W., and Witlox, F., 2013, "Measurement and interpretation of connectivity of Chinese cities in world city network, 2010," *Chinese Geographical Science*, 23(3): 261-273.

Dicken, P., 2007, *Global Shift: Reshaping the global economic map in the 21st century* (5th edition), Guilford Press.

Friedmann, J., 1986, "The world city hypothesis," *Development and Change* 17: 69-83.

Friedmann, J. and Wolff, G., 1982, "World city formation: An agenda for research and action," *International Journal of Urban and Regional Research* 6(3): 309-344.

Hall, T. and Hubbard, P., eds., 1998, *The Entrepreneurial City: Geographies of politics, regimes and representation*, John Wiley & Sons.

Lai, K. P. Y., 2009, "Global cities in competition? A qualitative analysis of Shanghai, Beijing and Hong Kong as financial centres," *GaWC Research Bulletin* 313.

Liu, X., Derudder, B., Witlox, F., and Hoyler, M., 2014, "Cities as networks within networks of cities: The evolution of the city/firm-duality in the world city network, 2000-2010," *Tijdschrift voor economische en sociale geografie* 105(4): 465-482.

Neal, Z., 2013, "Brute force and sorting processes: Two perspectives on world city network formation," *Urban Studies* 50(6): 1277-1291.

Sassen, S., 1991, *The Global City: New York, London, Tokyo*, Princeton University Press.

Sassen, S., 2001a, "Global cities and global city-regions: A comparison," *Global City-Regions: Trends, theory, policy*, edited by A. J. Scott, Oxford University Press, 78-95.

Sassen, S., 2001b, *The Global City: NewYork, London, Tokyo* (2nd edition), Princeton University Press.

Sassen, S, 2002, "Locating cities on global circuits," *Environment and Urbanization*, 14(1): 13-30.

Scott, A. J., 2001a, "Globalization and the rise of city-regions," *European Planning Studies* 9(7): 813-826.

Short, J. R., 2004, "Black holes and loose connections in a global urban network," *The Professional Geographer* 56(2): 295-302.

Taylor, P. J., 2001, "Specification of the world city network," *Geographical Analysis* 33(2): 181-194.

Taylor, P. J., 2004, *World City Network: A global urban analysis* (1st edition), Routledge.

Taylor, P. J., 2005, "Leading world cities: Empirical evaluation of urban nodes in multiple networks," *Urban Studies* 42(9): 1593-1608.

Taylor, P. J. and Derudder, B., 2016, *World City Network: A global urban analysis* (2nd edition), Routledge.

Taylor, P., Ni, P., Derudder, B., Hoyler, M., Huang, J., and Witlox, F., 2012, *Global Urban Analysis: A survey of cities in globalization*, Routledge.

Wall, R. S. and van der Knaap, G. A., 2011, "Sectoral differentiation and network structure within contemporary worldwide corporate networks," *Economic Geography* 87(3): 267-308.

브리태니커 사전 www.britannica.com.

LexisNexis, 2007, Corporate Affiliations.

LexisNexis, 2009, Corporate Affiliations, LexisNexis. LexisNexis Academic Oexisnexis. com/ap/academic) Fortune Global 500 (forrune.com/global500).

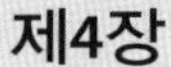

제4장

네트워크로 본 동아시아 국제질서

그 협력과 갈등의 동학

김상배(서울대학교 정치외교학부)

1. 머리말

박근혜 정부가 출범하면서부터 널리 회자되기 시작한 용어 중 하나가 '아시아 패러독스(Asia Paradox)'다. 아시아 패러독스란 동아시아 역내 국가들 사이에 경제적 상호의존이 증대되었음에도 불구하고 정치군사적 차원에서의 안보협력은 상대적으로 뒤처져 있는 현상을 지칭한다. 개념적으로 보면 그리 엄밀하다고 볼 수는 없지만, 여타 지역, 특히 유럽과 비교해서 현상적으로 아시아에서 벌어지고 있는 양상이 경제적 협력과 정치적 갈등이 비대칭적이라는 점에서 대중적 설득력을 얻었다. 사실 정부 차원에서 아시아 패러독스의 담론을 생성해서 전파하는 행위의 이면에는 경제적 상호의존의 수준에 걸맞게 정치군사 분야에서도 안보협력을 진행해서 동아시아 지역의 고질적인 갈등을 풀어보자는 속내가 있는 것으로 판단된다.

여태까지 동아시아에서 추진되어온 지역협력과 그 제도화의 노력은 다소 이상적이고 수사적인 수준에 머물고 있다. 제도적 협력이 있더라도 정부 간에 포괄적인 협력 구상을 내놓는 수준이다. 유럽의 경우에 비추어볼 때, 현재 동아시아에서 유럽연합(European Union, EU)과 같은 초국적 지역통합체에 버금가는 '아시아연합(Asian Union, AU)'을 가까운 미래에 실현하기는 쉽지 않아 보인다. 냉정하게 돌아보면, 동아시아 지역에서는 유럽연합에 버금가는 지역통합체나 공동체를 논하기에는 물적 조건이나 사회적 여건이 성숙되지 못했다. 동아시아 협력이 정착되고 동아시아 공동체가 자리 잡기 위해서는 지역의 정체성에 대한 동아시아 국가들 간의 합의뿐만 아니라 글로벌 패권과의 역관계 및 지역 내 세력 간의 역관계 등 고려해야 할 요인이 매우 많다.

동아시아의 현실은 유럽과는 달리 지역 내의 갈등을 안정적으로 해결할 만큼의 제도화나 신뢰를 구축하지 못하고 있다. 최근 동아시아 국가들이 벌이고 있는 군비경쟁이나 영토분쟁 등이 가시적인 증거가 되겠지만, 그 이면에 동아시아 국가들이 채택하고 있는 국가 모델과 여기에 근거하고 있는 대중 차원의 민족주의적 정서 등이 일국 차원을 넘어서는 역내 협력을 어렵게 하는 요인이 되고 있다. 실제로 동아시아 국가 모델은 부국강병을 추구하는 19세기형 국민국가 모델이나 국가 주도의 경제발전을 추진하는 20세기형 발전국가 모델에 머물러 있다. 이러한 국가 모델을 바탕으로 해서 벌어지는 동아시아 국제정치가 협력보다는 경쟁의 양상으로 나타나는 것은 당연하다.

최근 동아시아 국가들의 행보를 보면, 동아시아 지역협력과 공동체의 구상이 제기되는 가운데 일국 차원에 고착된 발전전략과 민족주의적 정서가 표출되는 양상이 발견된다. 그야말로 협력의 비전과 갈등의 현실이 공존하고 있는 양상이 나타나고 있다. 이렇게 동아시아 공동체라는 '21세기의 꿈'과 근대 국민국가 모델의 잔존이라는 '19세기적 현실'이 모순적으로 병존하고 있는 상황을 어떻게 이해해야 할까? 그리고 이렇게 전개되고 형성되는 동아시아 네트워크 질서 속에서 한국이 차지하는 위상은 어디일까? 협력과 경쟁의 비전이 공존하는 동아시아 네트워크 속에서 한국이 살아나갈 길은 어디일까? 그리고 나만 잘되자는 것이 아니라 동아시아 네트워크 전반이 평화와 번영을 누릴 수 있도록 한국이 기여할 바는 무엇일까?

이러한 질문들에 대해서 좀 더 개념적으로 답하기 위해서, 최근 자연과학과 사회과학에서 주목 받고 있는 네트워크 이론을 국제정치학에 원용하고자 한다. 최근 21세기 세계정치의 변화라는 현실에 직면하여 국제정치학 분야에서는 새로운 이론적 모색이 일고 있다. 그중 대표적인 사례 중 하나가 '네트워크 세계정치이론'의 시도다(Maoz, 2010; Hafner-Burton and Montgomery, 2006; Hafner-Burton, Kahler, and Montgomery, 2009; Kahler, ed., 2009; Nexon and Wright, 2007; Nexon, 2009; Goddard, 2009; 민병원, 2009; 김상배, 2014). 이러한 시도는 국민국가라는 노드 행위자의 속성이나 이들이 보유한 자원에 기대어 국제정치를 설명해온 기존의 주류 국제정치이론의 한계를 비판하는 모색의 일환이다. 특히 이 글은 사회학이론과 국제정치이론에서 흔히 거론되는 삼분법, 즉 공동체(community), 사회(society), 체제(system)의 스펙트럼에 대한 논의의 연속선상에서 동아시아 국제질서의 구성원리와 작동방식을 개념화하기 위해서 이러한 네트워크 이론의 시각을 원용했다.

이 글은 이러한 시각을 원용하여 현재 진행되고 있는 동아시아 국가들 간의 협력의 현주소를 진단하고 그 이면에 자리 잡은 갈등 요인을 분석하는 작업을 펼치고자 한다. 특히 네트워크로 본 동아시아의 미래를 세 가지 측면에서 살펴보려고 한다. 협력의 비전으로서 동아시아 공동체 담론의 출현과 그 한계를 검토하고, 갈등의 현실로서 동아시아 국가들의 행보와 대중 차원의 민족주의를 지적하며, 동아시아의 미래를 모색하는 한 방편으로서 다층적인 네트워크의 부상과 그 의미 등을 살펴볼 것이다. 이러한 논의를 바탕으로 동아시아 네트워크 속에서 한국이 차지하는 위상을 짚어볼 것이다. 동아시아의 미래를 네트워크로 보려는 시도는 단순히 협력의 비전으로만 보는 낙관론이나 갈등의 비전으로만 보는 비관론을 넘어서 협력과 갈등, 그리고 경쟁의 비전이 복합되는 동아시아의 현실을 입체적으로 파악한다는 점에서 의미가 있다.

2. 동아시아 국가들의 협력과 갈등

1) 동아시아 공동체, 협력의 비전

우리가 지금 사용하는 '아시아'라는 용어는 오늘의 아시아인들이 처음 사용한 것이 아니다. 고대 그리스인들이 유럽과 대비해서 페르시아 제국을 비롯한 중근동 지역을 처음으로 아시아라고 부르기 시작한 것으로 알려져 있다. 오늘의 동아시아 사람들이 사는 지역을 유럽 사람들이 아시아, 즉 아세아(亞細亞)라고 본격적으로 부르게 된 것은 17세기 초 예수회 선교사들이 제작한 지도를 통해서였다. 그러던 것이 동아시아인 스스로 아시아라는 표현을 사용하기 시작한 것은 서세동점과 함께 본격적으로 유럽 중심의 근대 국제질서를 받아들이게 되는 19세기에 이르러서였다(하영선 편, 2008: 16).

이렇게 해서 등장한 동아시아라고 하는 지역은 그 포괄하는 범위가 매우 넓을 뿐만 아니라 다층적이기까지 하다. 좁은 의미에서 동아시아라고 하면 한국, 중국, 일본, 대만을 포함한 동북아시아를 지칭하거나, 또는 러시아의 동부 지역까지도 포함하는 극동을 의미한다. 그러나 일반적으로는 좀 더 넓은 범위에서 아세안(ASEAN)에 참여하는 국가들의 동남아시아를 추가하여, 동북아시아와 동남아시아를 합친 지역을 동아시아라고 부르는데, 이는 아세안+3가 포괄하는 범위와 대략 일치한다. 최근에는 동아시아의 범위가 더 확장되고 있는데, 경우에 따라서 인도와 같은 서남아시아 국가들이 포함되기도 하고, 아시아-태평양 지역에서 실질적인 협력이 이루어지면서 호주와 뉴질랜드 등의 오세아니아 지역을 포함하는 개념으로 이해되기도 한다. 환태평양 지역을 동아시아에 포함시킬 경우 관건이 되는 것은 미국이다. 글로벌 패권국으로서 미국은 지리적으로는 태평양 건너에 위치한 세력이지만 기능적으로는 동아시아의 행위자로서 활동해왔다.

이러한 다층적인 동아시아의 개념을 바탕으로 다양한 형태의 동아시아 지역협력이 진행되어왔다. 여태까지 이루어진 동아시아 지역협력은 유럽과 비교하면 매우 뒤처져 있다. 그에 대해서는 여러 가지 원인이 복합적으로 거론될 수 있지만, 주로 역내 국가들 간의 힘의 불균형, 경제성장 단계의 상이함, 공동인식의 맹아적 형성 등이 지적된다. 그럼에도 지난 10여 년 동안 동아시아 지역협력을 위한 노력이 없었던 것은 아니다. 적어도 다음과 같은 다섯 차원에서 진행된 동아시아 지역협력의 모색에 주목할 필요가 있다.

먼저, 한중일 동북아 3국의 협력체, 특히 한중일 정상회의다. 한중일 정상회의는 1999년 아세안+3 정상회의에서 3국 정상이 일본 측 제의로 비공식 조찬 모임을 한 데서 비롯되었다. 3국은 한동안 아세안+3 회의의 일부로서 정상회의를 지속해오다가 2004년에 한국 정부가 아세안과 별도로 3국 정상회의를 개최할 것을 제안하여 2007년 제8차 아세안+3 정상회의에서 3국 정상회의를 별도로 개최하기로 합의함으로써 2008년에 제1차 한중일 정상회의가 개최되었다. 그 이후 한중일 3국은 정상회의를 정례화하면서 좀 더 적극적으로 동북아 경제협력과 지역협력을 논의하게 되었다. 2009년 10월 제2차 한중일 정상회의에서 한국 측이 상설 사무국 설립을 제안했는데, 2011년 9월 1일 한중일 협력사무국이 서울에서 출범했다.

둘째, 북핵 문제 해결을 위한 6자회담이다. 6자회담에는 남북한과 미국, 중국, 일본, 러시아 등 6개국이 참여했다. 6자회담은 2003년 8월 중국 베이징에서 1차 회담이 열린 이후 2007년 9월까지 비정기적으로 모두 여섯 차례에 걸쳐서 열렸다. 그러나 6자 회담은 2009년 4월 북한의 장거리로켓 발사로 표류 상태에 빠졌다. 유엔 안보리가 북한 규탄 의장성명을 채택하자, 북한이 이에 반발하면서 회담을 거부했기 때문이다. 2010년 천안함 사건과 2011년 연평도 포격 사건 등이 발생하면서 남북한과 북미 관계가 경색되면서 회담 재개가 불투명해졌다. 비록 난항을 겪다가 중단되었지만, 6자회담은 동아시아 다자안보협력의 새로운 형식으로 기대를 받았다.

셋째, 아시아태평양경제협력체(Asia-Pacific Economic Cooperation, APEC)다. APEC은 1989년 호주 캔버라에서 12개국 간의 각료회의로 출범한 이후 1993년부터 매년 정상회의를 개최해왔다. APEC은 회원국 간 협력을 통해서 국가 간 이질성을 극복하고 역내 경제성장을 이룩하여 지역 경제공동체의 수립을 목표로 한다. 이를 달성하기 위해 무역과 투자의 자유화, 경제 및 기술협력 등을 추진해왔다. APEC은 현재 한국을 포함하여 미국, 중국, 일본, 러시아 등 총 21개국이 가입해 있다. 한국은 1989년 12개 창설 회원국 중 하나로서 APEC에 참가했으며, 2005년에는 한국에서 제13차 APEC 정상회의가 개최되기도 했다. APEC은 여전히 초보적인 수준의 국제협력을 수행하는 데 머물러 있다.

넷째, 아세안+3이다. 동아시아 경제위기를 맞았던 1997년에 30주년을 기념하는 아세안 10개국이 한중일 정상을 초대해서 아세안+3 회의가 발족되었다. 지구화의 진전과 지역협력이 강화되는 와중에 동남아시아와 동북아시아의 국가들이 동아시아라는 큰 틀에서 협력을 모색하자는 것이 그 취지였다. 특히 동아시아 국가들이 나서서 아시아-태평양 지역을 강조하는 미국 주도의 질서 형성에 대응하자는 의도가 바탕에 깔려 있었다. 아세안+3는 지난 15년여 동안 무역과 투자, 에너지, 환경보존, 식량, 지적재산권, 금융, 정보기술, 개발지원, 초국가적 문제, 자연재해, 보건 등 17개 분야에서 48개 협의체를 설치해서 운영해왔다. 현재로서는 기능적인 협력의 수준에 머물러 있다.

끝으로, 동아시아 정상회의(East Asian Summit, EAS)다. 동아시아 정상회의는 기존의 아세안+3 참여국들에 인도, 호주, 뉴질랜드를 추가한

16개국이 역내 평화와 번영 문제를 논의하기 위해 2005년 12월 말레이시아 쿠알라룸푸르에서 첫 모임을 가지면서 출범했다. 2011년부터는 미국과 러시아도 정식 회원국으로 참여하고 있다. 동아시아 정상회의는 2002년 11월 제6차 아세안+3 정상회의에서 '동아시아 공동체' 형성을 위해서 제안된 26개 협력사업 중 하나로서 제안되었다. 동아시아 정상회의에서는 아세안+3 회원국들 간에 벌어지는 동아시아 공동체 구축을 둘러싼 주도권 경쟁뿐만 아니라 중국을 견제하려는 미국과 러시아 등의 행보도 주목을 받고 있다.

이상에서 살펴본 다섯 차원의 지역협력이 궁극적으로 지향하는 것은 '동아시아 공동체'다. 한중일 세 나라의 사례만 보더라도 미국이 주도하는 지구화의 부정적 영향에 대응하는 차원에서 동아시아 공동체에 대한 담론과 이를 실현하기 위한 노력이 늘어나고 있다. 특히 일본은 2000년대 중반 동아시아 공동체에 대한 논의를 본격적으로 제안했다. 중국의 부상에 대처하기 위해 미국과의 새로운 동맹을 추구하는 과정에서 동아시아를 어떻게 할 것이냐가 관건이 되었던 것이다. 한국도 2000년대 초중반 미국과의 동맹관계에 대한 대안을 모색하는 차원에서 동아시아 공동체 담론을 펼친 바 있다. 중국도 아직은 조심스럽기는 하지만, 빠르게 성장하는 국력을 투영하는 새로운 환경으로서 동아시아 공동체 논의에 관심을 보이고 있다.

여기서 관건은 이러한 동아시아 공동체에 대한 논의가 실제로 동아시아가 처한 현실을 반영하느냐, 아니면 단지 정치적 슬로건에 머무느냐의 문제다. 동아시아 지역에서 역사적·문화적 유사성과 지리적 근접성을 기반으로 한 공동체의 가능성은 충분히 있다. 그리고 지구화와 지방화에 대응하는 유럽 지역이나 미주 지역의 상황에 비추어볼 때, 동아시아 차원에서 공동체에 버금가는 지역질서를 모색하는 것은 의미가 없지 않다. 그러나 동아시아 공동체가 포괄하는 '동아시아'의 지리적 범위에서부터 의견이 갈라진다. 예를 들어, 중국이 지역으로서 동북아시아보다 동아시아 전체를 중요시한다면, 일본은 아태 지역을 중시하는 경향이 있다. 한국은 아세안을 포괄하면서도 지역협력의 선도적 역할을 한중일 3국의 협력에서 찾고자 한다. 이러한 동아시아 공간에 대한 강조점의 차이는 각국의 전략적 이익과도 무관치 않다.

이러한 공간 인식을 바탕으로 추진되어온 제도화의 노력도 현재까지는 다소 이상적이고 수사적인 수준에 머물고 있다. 제도적 협력이 있더라도 정부 간에 포괄적인 협력 구상을 내놓는 수준이다. 게다가 유럽의 경우에 비추어볼 때, 현재 동아시아에서 유럽연합과 같은 초국적 지역통합체에 버금가는 아시아연합을 가까운 미래에 실현하기는 쉽지 않아 보인다. 냉정하게 돌아보면, 동아시아 지역에서는 유럽연합에 버금가는 지역통합체나 공동체를 논하기에는 물적 조건이나 사회적 여건이 성숙되지 못했다. 동아시아 협력이 정착되고 동아시아 공동체가 자리잡기 위해서는 지역의 정체성에 대한 동아시아 국가들 간의 합의뿐만 아니라 글로벌 패권과의 역관계 및 지역 내 세력 간의 역관계 등 고려해야 할 요인이 매우 많다.

2) 동아시아 국가 모델, 갈등의 현실

동아시아의 현실은 유럽과는 달리 지역 내의 갈등을 안정적으로 해결할 만큼의 제도화나 신뢰를 구축하지 못하고 있다. 최근 동아시아 국가들이 벌이고 있는 군비경쟁이나 영토분쟁 등이 가시적인 증거가 되겠지만, 그 이면에 동아시아 국가들이 채택하고 있는 국가 모델과 여기에 근거하고 있는 대중 차원의 민족주의적 정서 등이 일국 차원을 넘어서는 역내 협력을 어렵게 하는 요인이 되고 있다. 실제로 동아시아 국가 모델은 부국강병을 추구하는 19세기형 국민국가 모델이나 국가 주도의 경제발전을 추진하는 20세기형 발전국가 모델에 머물러 있다. 이러한 국가 모델을 바탕으로 해서 벌어지는 동아시아 국제정치가 협력보다는 경쟁의 양상으로 나타나는 것은 당연하다.

19세기 개항기 이후 일본, 중국, 한반도는 모두 성공과 실패를 경험하면서 근대 국민국가 모델을 수용하려는 노력을 해왔다. 그중에서도 특히 일본은 여타 동아시아 국가들에 앞서 근대 국민국가의 모델을 수용했으며, 여기서 더 나아가 제국의 길을 걷기도 했다. 중국은 20세기 초반 반(半) 식민지의 경험을 딛고 일어서 사회주의 체제의 실험과 개혁 개방의 진통을 거치면서 국민국가 건설의 목표와 함께 새로운 패권국의 꿈을 꾸고 있다. 한반도의 경우에도 20세기 초반 근대 국가의 실험이 좌절당했던 조선은 식민지를 경험할 수밖에 없었고, 광복 후에도 남북한 분단으로 인한 국민국가 실험의 굴절을 겪었지만 여전히 통일 국가의 꿈을 꾸고 있다. 이러한 맥락에서 본 동아시아의 근대는 굴절된 미완성의 근대였지만, 19~20세기 국제정치의 전개 과정 내내 근대 국민국가 모델이 일종의 '표준'으로 작동했다.

이러한 양상은 20세기 후반 한중일의 산업화 과정에서도 나타났다. 일본의 경우 전후의 재건 과정과 경제성장 과정에서 여타 경제 행위자들과의 관계에서 국가가 주도적 역할을 하는 발전국가 모델을 제시했다. 한국도 1960~70년대 산업화를 추진하는 과정에서 권위주의적 정치체제와 정부가 시장에 개입하는 국가 주도의 정책을 폈다. 최근 진행되고 있는 중국의 경제성장과 산업화도 동아시아 모델로 이해할 수 있는 국가 모델에 입각해 있다. 다만 일본과 한국이 경제성장기를 거치고 나서 민주화의 경로를 밟고 있는 데 비해서, 중국은 여전히 소위 '베이징 컨센서스'로 불리는 정치적 권위주의와 시장경제의 복합 모델을 채택하고 있다. 전체적으로 볼 때, 산업화 과정에서 동아시아 국가들은 국가가 나서서 주도하는 근대 국민국가 모델, 특히 중상주의 모델에 입각해 있다.

이러한 특징은 정보화 분야의 국가 전략에서도 나타난다. 주로 IT(Information Technology) 분야로 지칭되는 정보화 분야는 21세기 국가 경쟁의 새로운 목표로 떠올랐다. 이러한 목표를 달성하기 위한 동아시아 국가들의 IT협력 구상과 담론은 19세기 이래 지속되어온 근대 국민국가 모델에 입각하여 물질적 권력 자원을 강조하는 부국강병 담론의 연속선상에 있다. 실제로 동아시아 IT담론은 일본의 e-Japan, 한국의 e-Korea, 중국의 863계획 등과 같은 'IT강국론' 또는 '과학기술입국론'을 바탕에 깔고 있다. 또한 한중일에서 제기되고 있는 동아시아 IT협력 구상은 정부가 주도하여 비전을 제시하고 정책을 실행하는 발전국가 담론의 연속선상에 있다. 예를 들어, 일본의 경우 IT기본법의 시행이나 IT전략본부의 설치, 한국의 정보통신부의 역할과 정보화촉진기금의 존재, 그리고 중국의 경우 1953년 이래 계속되고 있는 10.5계획이나 863계획 등은 바로 국가가 중심 역할을 하고 있음을 보여준다. 이러한 담론에 기반을 둔 한중일의 IT협력 담론은 진정한 공동체를 추구하는 모습과는 다르게 이해될 수밖에 없다(김상배, 2006).

이렇게 정부 정책의 영역에서 발견되는 동아시아 국가들 간의 경쟁의 현실은 최근 한중일의 영토분쟁과 민족주의로 확대되어 발현되는 양상을 보이고 있다. 사실 동아시아 국가들 사이에는 식민지 역사인식의 차이를 보여주는 문제나 근대적인 의미의 영토적 경계 문제 등을 놓고 논란이 지속돼왔다. 이들 쟁점은 안보 정세의 변화에 따라서 급속히 부상했다가 어느 정도 시간이 지나면 잠잠해지고, 그러다가 다시 불거지는 패턴을 반복해왔다. 예를 들어 한국과 일본 간에 역사교과서 왜곡이나 종군위안부 문제, 독도 논란과 동해 표기 문제 등이 되풀이되고 있다. 최근에는 중국의 동북공정과 고구려사 서술 문제를 둘러싸고 한국과 중국 간의 신경이 곤두서기도 했다. 또한 중국과 일본 간에는 대표적

해양영토분쟁으로 알려진 조어도(釣魚島: 댜오위다오/센카쿠) 문제가 불거지면서 양국 간 갈등의 골이 깊어졌다. 이러한 와중에 최근 나타나고 있는 일본 국내정치의 급속한 우경화는 한중일 간에 얽힌 문제를 더욱 복잡하게 꼬이게 하고 있다.

사이버 공간에서도 오프라인 공간을 능가하는 동아시아의 민족주의적 갈등 양상이 거세게 표출되고 있다. 사실 초국적으로 작동하는 인터넷이 만들어내는 공간에서 국가 단위에 기반을 둔 민족주의 관념이 득세한다는 것은 다소 역설적일 수 있다. 그럼에도 민족주의적 감정과 생각은 온라인 공간으로서 사이버 공간의 특성 때문에 더욱 증폭될 가능성이 크다. 현재 나타나고 있는 양상을 지켜보면, 사이버 공간은 초국적 관념과 정체성을 생성하는 공간인 동시에 국가 단위의 정체성과 관념이 응집하는 계기를 제공하는 공간으로 파악된다. 사이버 공간은 신세대들에게 개인의 자유와 즐거움을 찾는 사적인 공간으로서만 기능하는 것이 아니라, 국가적 사건에 대해서는 오프라인 공간을 능가하는 애국주의적 반응들이 결집되는 공간으로 기능하기도 한다. 다시 말해 사이버 공간의 신세대들은 개인적인 차원에서는 탈근대적인 가치를 추구하는 성향을 보이지만, 국가와 민족이 관련된 쟁점에 대해서는 여전히 근대적인 가치에 몰입하는 경향이 있다. 실제로 한국, 중국, 일본의 사이버 공간에서 독도, 동해 표기, 조어도 등의 문제를 놓고 오고가는 민족주의적 언사는 과격하며 매우 선동적이기까지 하다. 특히 한중일 간의 영토 논란을 둘러싸고 제기되는 네티즌들의 주장은 상호 배타적인 감정을 담고 있기도 한다.

3. 동아시아 네트워크, 미래의 모색

1) 동아시아 네트워크 질서의 이해

최근 동아시아 국가들의 행보를 보면, 동아시아 지역협력과 공동체의 구상이 제기되는 가운데 일국 차원에 고착된 발전전략과 민족주의적 정서가 표출되는 양상이 발견된다. 그야말로 협력의 비전과 갈등의 현실이 공존하고 있는 양상이 나타나고 있다. 이렇게 동아시아 공동체라는 '21세기의 꿈'과 근대 국민국가 모델의 잔존이라는 '19세기적 현실'이 모순적으로 병존하고 있는 상황을 어떻게 이해해야 할까? 이러한 논제를 좀 더 개념적인 시각에서 이해하기 위해서, 사회학이론과 국제정치이론에서 흔히 거론되는 삼분법, 즉 공동체 ↔ 사회 ↔ 체제의 스펙트럼을 원용해보자. 이들 개념은 사회질서(또는 세계질서)를 구성하는 행위자들 간의 관계를 조율하는 구성원리와 작동방식을 이해하는 데 유용하다.

먼저, 공동체(community)란 구성원들의 정체성이 공유되는 1차 집단을 의미한다. 이러한 공동체의 관점을 국가 간의 관계에 확장해서 볼 때, 동아시아는 지역 구성원들이 국가 단위를 넘어서 정체성을 공유하고 있는 공동체인가? 근대 이전 전통 동아시아 천하질서에서는 이러한 정체성의 공유가 있었을지 몰라도 현대 동아시아에서도 여전히 이러한 정체성의 공유를 찾아볼 수 있을까? 현실을 냉정하게 돌아보면, 전통적으로 같은 지역에서 살았다는 막연한 유대감은 있을지언정 실질적인 의미의 공동체라 부를 수 있을 정도의 정체성의 공유를 오늘날의 동아시아 지역에서 찾아보기는 쉽지 않다. 오히려 한중일의 경우를 보면 정체성의 공유는커녕 상호간에 인식의 편차와 감정적 앙금마저도 존재한다.

둘째, 사회(society)란 구성원들의 이익의 중첩을 기반으로 하여 형성되는 제도와 규범이 존재하는 2차 집단을 의미한다. 이러한 사회의 관점을 국가 간의 관계에 확장해서 볼 때, 동아시아 국가들 간에는 일종의 '국제사회'가 형성되어 있는가? 동아시아 지역 차원에 각국의 이익에 기반을 둔 제도와 규범이 있는가라는 질문을 던지면, 정부 차원의 협력 구상에도 불구하고 유럽 지역에 비해 여전히 낮은 수준의 제도화가 진행되고 있음을 발견할 수 있다. 앞서 살펴본 바와 같은 정도의 지역협력이 없는 것은 아니지만 그러한 협력의 양상을 개념적으로 '국제사회'라고 부를 정도는 아니다.

이렇듯 동아시아 국가들이 구성하는 질서가 단위들 간의 정체성이 중첩되는 '공동체'도 아니고, 단위들 간에 이익과 규범을 공유하는 '사회'도 아니라면 무엇이라고 보아야 할 것인가? 이러한 맥락에서 마지막으로 검토할 필요가 있는 것이 체제(system)의 개념이다. 최소한의 의미로 정의한 체제는 구성단위들 간의 상호작용이 이루어지는 상태를 의미한다. 이러한 상호작용이 반드시 사회적 상호작용이거나, 아니면 소통과 공감의 관계일 필요는 없다. 관계를 맺고 있는 구성원들 간의 최소한의 물리적 상호작용만 있으면 체제라고 불러도 무방하다. 이러한 체제의 관점을 국가 간의 관계에 확장해서 볼 때, 현재 동아시아 국가들이 구성하는 질서는 국제체제인 것은 부인할 수 없다.

그러나 동아시아 국가들이 구성하는 국제체제는 전통적으로 국제정치이론에서 상정하는 단순계로서의 체제라고 볼 수는 없다. 다시 말해 동아시아 질서에서 국민국가만을 주요 행위자로 설정하고 이들의 상호작용에만 주목하기에는 기업이나 시민사회와 같은 비국가 행위자들의 초국적 활동이 매우 활발하게 벌어지고 있기 때문이다. 그리고 이들 국가 및 비국가 행위자들은 서로 협력하고 경쟁하면서 다양하고 다층적인 네트워크를 구성하고 있다. 이러한 의미에서 동아시아 국제체제는 '단순계'가 아니라 '복잡계'로서의 체제라고 볼 수 있다. 즉

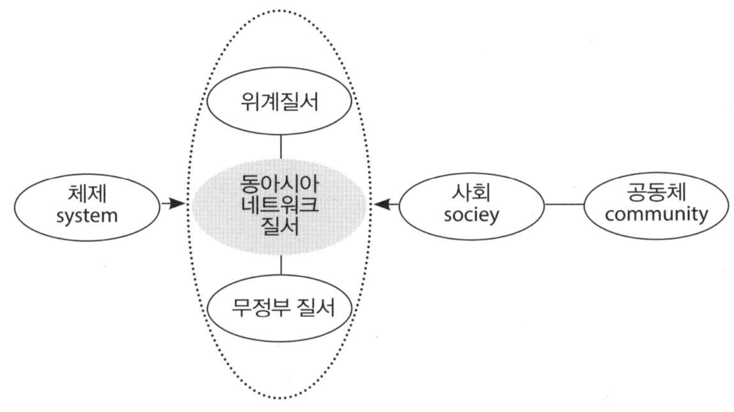

그림 4-1. 동아시아 네트워크 질서의 개념적 위상

자료: 김상배(2014: 337).

동아시아 질서는, 그림 4-1에서 보는 바와 같이, 단순계로서의 '체제'와 이익과 규범이 공유되는 '사회'의 중간 정도의 수준에서 '창발(創發, emergence)'하는 복잡계로서의 체제라고 할 수 있다.

이러한 '복잡계'로서의 동아시아 질서는 전통적으로 국제정치이론이 상정하는 근대 국제정치의 무정부 질서(anarchy)와는 다르다. 그렇다고 현대 동아시아 질서를 전통 동아시아에서 발견되는 것과 같은 위계질서(hierarchy)로 볼 수도 없다. 이러한 시각에서 보면 동아시아 국가들이 구성하는 질서는 무정부 질서의 국제체제도 아니고, 어느 국가가 다른 국가의 상위 권위로서 군림하는 위계질서도 아니다. 이러한 논의를 종합해서 보면, 동아시아 질서는 그림 4-1에서 보는 바와 같이, 무정부질서와 위계질서의 중간에 설정되는 '네트워크아키(networkarchy)' 또는 '네트워크 질서' 정도로 개념화할 수 있다. 이렇게 개념화된 동아시아 네트워크 질서는 어떠한 내용을 갖는가? 현재의 동아시아 네트워크 질서에서는 적어도 다음과 같은 세 가지 형태의 전망이 중첩되고 있음을 주목해야 한다.

첫째, 초국적 네트워크를 통한 '협력의 전망'이다. 최근의 현황을 보면, 외교와 안보와 같은 공식 부문에서는 국가연합을 논할 정도의 교류와 협력이 진행되고 있지 못하지만, 경제나 문화와 같은 비공식 부문에서는 민간 행위자들이 활발히 네트워크를 형성하고 있음을 알 수 있다. 예를 들어 다국적 기업들이 구성하는 초국적 생산 네트워크는 동아시아의 범위를 넘어서 글로벌 차원에까지 미치고 있다. 이러한 과정에서 미국 기업들이 주도하는 아시아-태평양 지역의 생산 네트워크와 일본 기업들이 주도하는 동아시아 생산 네트워크가 경합을 벌이고 있는 가운데, 중국이 중요한 역할 고리를 담당하는 새로운 생산 네트워크가 부상하고 있다. 중국이 주도하는 생산 네트워크의 이면에는 화교자본을 기반으로 한 경제 및 민족 네트워크가 깔려 있음을 잊지 말아야 한다. 이 밖에도 동아시아에서는 민간 네트워크 차원의 다양한 교류가 진행되고 있다. 이주나 노동자들의 이동, 시민사회 교류, 관광 교류, 학술 교류, 문화 교류, 스포츠 교류 등이 다양하게 이루어지고 있다.

둘째, '패권의 전망'을 담고 있는 네트워크에 대한 논의다. 네트워크는 교류와 협력의 전망뿐만 아니라 경쟁과 지배의 전망도 담고 있는데, 이러한 맥락에서 생각할 수 있는 것이 동아시아의 새로운 패권으로서 중국의 부상이다. 이는 동아시아에서 네트워크가 등장하더라도 수평적이고 초국적인 네트워크가 아니라 중국이 주도하는 동심원적인 위계적 네트워크가 부상할 가능성에 대한 논의로 연결된다. 사실 역사적으로 거슬러 올라가서 볼 때, 전통 동아시아의 천하질서는 제국적인 동심원 질서의 모습을 하고 있었다. 당시에는 일종의 천하국가(天下國家)의 제국적 주권이라는 구성 원리를 단위 차원에서 실현한 국가들이 동아시아에 존재했다. 이들 국가의 관계는 예(禮)의 무대 위에서 사대자소(事大字小)에 원리에 근거한 책봉관계와 조공관계에 의해서 조율되었다. 최근 급속히 성장하고 있는 중국의 부상은 어느 한 국가의 국력이 증대된다는 차원을 넘어서 이러한 전통질서의 부활가능성을 엿보게 한다.

마지막 네트워크는 '경쟁의 전망'이다. 중국의 부상에 주목하는 논의의 이면에는 세계정치에서 벌어지고 있는 '힘의 이동'에 대한 관심이 깔려 있다. 최근 경제적으로 급성장하고 있는 중국이 이에 걸맞은 군사력과 외교력, 그리고 소프트 파워까지 갖추고 미국의 글로벌 패권에 도전할 것이냐가 주요 관건이다. 사실 21세기 세계정치에서 자웅을 겨룰 강대국인 두 나라의 관계는 단순한 양자관계의 의미를 넘어서 동아시아 모든 나라에 영향을 미치는 구조의 양대 축을 의미한다. 다시 말해 미국과 중국의 패권경쟁은 새롭게 부상할 글로벌 및 동아시아 질서의 미래를 엿보게 하는 핵심이다. 네트워크의 시각에서 보면, 이러한 미중의 패권경쟁은 미국과 중국이라는 두 개의 네트워크가 서로 경합하는 모습으로 그려진다. 이러한 미중 네트워크 경쟁에는 기존의 국가 행위자들뿐만 아니라 초국적으로 활동하는 비국가 행위자들도 활발하게 참여한다. 그야말로 미중 패권경쟁에 반영된 동아시아 세계정치는 다양하고 다층적인 네트워크의 모습으로 진행되고 있다.

요컨대, 21세기 동아시아 질서는 지구화 시대의 초국적 네트워크의 부상, 중국이 주도하는 전통 동아시아 질서의 부상, 그리고 패권경쟁과 국가경쟁으로 대변되는 근대 국제질서의 잔존이라고 하는 세 가지 가능성이 복합된 형태로 발현되는 모습이다. 다시 말해 동아시아 네트워크 질서는 주권국가 단위의 근대 국제질서의 모습이 압도하는 가운데 지구화의 과정을 통해서 구현되는 탈(脫)국제질서가 중첩되고, 향후 중국 중심의 전통 천하질서의 구상이 가미될 가능성을 보이고 있다. 네트워크의 시각에서 본 동아시아 지역질서의 현재는 주권국가 질서를 근간으로 하는 가운데 이를 침식하는 새로운 변화들이 늘어가고 있는 복합적인 네트워크의 모습으로 그려진다.

2) 네트워크로 본 미중경쟁과 동아시아

동아시아 국제질서의 미래에 대한 논의 중에서 미중 패권경쟁의 가능성과 그것이 동아시아 국제질서에 미치는 의미에 대해서는 좀 더 자세히 살펴볼 필요가 있다. 사실 20세기 후반 이래 세계정치 변화의 핵심은 탈냉전의 맥락에서 본 미국의 패권 쇠퇴와 중국의 부상, 그리고 일본의 보통국가화와 러시아의 재(再)강대국화 등으로 요약해볼 수 있다. 이 중에서도 특히 중국의 부상은 21세기 세계정치의 최대 화두임이 분명하다. 그렇다면 이러한 중국의 부상을 어떻게 이해할 것인가? 정치군사적인 의미에서 본 새로운 도전국가 또는 지역패권의 등장인가? '세계의 공장'으로서의 새로운 산업대국의 도전인가? 아니면 더 나아가 전통 동아시아 천하질서의 부활인가? 이러한 질문들에 대답하는 방식은 이론적 시각에 따라 여러 가지가 가능하겠지만, 적어도 포괄적인 의미에서 21세기 세계정치에서 중국이 그야말로 신흥권력(emerging power)이라는 사실을 부인하기는 어려울 것이다.

신흥권력으로서 중국의 부상에 주목하는 논의의 이면에는 세계정치에서 벌어지는 권력 변환에 대한 관심이 깔려 있다. 최근 경제적으로 급성장하고 있는 중국이 이에 걸맞은 군사력과 외교력, 그리고 소프트 파워까지 갖추고 미국의 세계패권에 도전할 것이냐가 주요 관건이다. 그런데 이러한 권력 변환에 대한 논의를 제대로 이해하기 위해서는 어느 한 나라가 힘이 더 세져서 상대를 압도하게 되고 이에 따라 국제질서에서 세력균형이 변할 것이라는 통상적인 인식의 범위에만 머물러서는 안 된다. 오히려 근대 국민국가들의 부국강병 게임을 중심으로 국제정치를 보았던 전통적인 시각에서 벗어날 필요가 있다. 다시 말해 중국의 부상과 여기서 파생하는 미중 패권경쟁을 제대로 보기 위해서는 좀 더 복합적인 시각, 즉 이 글에서 제시하는 네트워크의 시각이 필요하다는 것이다.

향후 두 나라 간에 발생할 힘의 이동은 여태까지 우리가 근대 국제정치에서 경험했던 것과는 성격이 다른 권력게임의 양상을 보일 가능성이 크다. 실제로 21세기 세계정치에서는 군사력과 경제력의 게임뿐만 아니라 지식력을 확보하려는 게임이 새로운 세계정치의 양식으로 부상하고 있다. 이러한 지식력 게임의 승패는 전통적인 자원권력의 개념을 넘어서는 새로운 권력 개념의 잣대에 기대어 판가름날 가능성이 크다. 게다가 문제를 더욱 복잡하게 만드는 것은, 새로운 권력게임의 장에는 기존의 국가 행위자들뿐만 아니라 초국적으로 활동하는 비(非)국가 행위자들도 활발하게 참여한다는 사실이다. 그야말로 중국의 부상과 미중 패권경쟁으로 대변되는 21세기 세계정치의 권력 변환은 다양하고 다층적인 모습으로 발생하고 있다.

이러한 전망을 좀 더 구체적인 미중 패권경쟁의 구도에서 살펴보자. 사실 21세기 세계정치의 패권을 놓고 경합을 벌일 것으로 예견되는 미국과 중국은 선도 부문으로서 사이버 공간에서, 또는 좀 더 넓은 의미에서 오프라인 공간까지도 포함하는 21세기 세계정치의 신흥공간에서 각기 다른 비전을 가지고 자신들의 이익을 추구하기 위한 경쟁을 벌이고 있다. 이렇게 선도 부문에서 벌어지는 패권국과 도전국의 경쟁 사례들은 근대 국제정치의 역사에서 여러 차례 나타난 바 있다. 가장 비근하게는 정보화 시대 초기 컴퓨터 하드웨어와 소프트웨어를 둘러싸고 선도 부문에서 나타났던 미국과 일본의 경쟁에서 찾을 수 있다. 더 거슬러 올라가면 19세기 영국과 독일의 경쟁이나 20세기 미국과 소련의 경쟁에서도 그 모습이 발견된다. 이러한 패권경쟁은 이제 정보화 시대를 맞이하여 그 초점을 미중관계로 옮겨놓는 양상을 보인다.

그런데 네트워크의 시각에서 보면 향후 미중 신흥권력 경쟁의 양상이 기존의 국제정치에서 국가 행위자들을 중심으로 벌어졌던 전통적인 권력 경쟁의 양상을 답습할 것인지에 대해서는 의문을 제기할 필요가 있다. 다시 말해 미래의 미중경쟁이 과거에 그랬듯이 지배적 행위자로서 국민국가들이 나서는 모습으로 나타날까? 미중경쟁의 미래를 굳이 군사력과 경제력이라는 근대 국제정치적인 의미의 물질적 권력의 잣대로만 설명할 수 있을까? 미국과 중국 중에서 누가 21세기 패권을 잡더라도, 19세기의 영국과 독일이나 20세기의 미국과 소련 또는 미국과 일본이 했던 것과는 상이한 방식과 경로를 통해서 패권의 지위에 오를 가능성은 없을까? 그리고 이러한 과정에서 예견되는 미래 세계정치의 권력구조는 어떠한 모습일까? 이러한 질문에 대한 답을 찾는 과정은 기존의 발상과 시각을 전환하는 문제와 밀접히 연결된다.

먼저 미중경쟁이라고 할 경우, 좀 더 구체적으로 말해 경쟁을 벌이는 행위자들을 '미국'과 '중국'이라고 부를 경우, 여기서 '국(國)'으로 통칭한 행위자의 성격이 무엇인지를 묻는 것이 필요하다. 미국과 중국에서 '국(國)'은 현실주의가 상정하는 국민국가와 같은 단일 행위자(unitary actor)일까? 미중경쟁을 '두 나라 간 경쟁'이라고 보는 것은 맞는데 이를 두 국민국가의 경쟁이라고 볼 수 있을까? 미중경쟁에 나서는 행위자는 '누구의 미국'이고 '누구의 중국'인가? 여전히 양국의 정부를 이끌고 있는 '트럼프 대통령의 미국'이고, '시진핑 국가주석의 중국'으로만 보는 것이 맞을까?

이러한 맥락에서 보면 현재 관찰되는 '두 나라'라는 행위자들은 국가-기업-사회의 복합체로서의 성격이 더욱 커진 복합 네트워크 행위자라고 할 수 있고, 이러한 새로운 행위자를 국가 행위자를 중심으로 재명명하면 일종의 '네트워크 국가'일 가능성이 크다. 이러한 시각으로 보면 사이버 공간을 중심으로 벌어지는 미중경쟁은 국가 간(international) 경쟁이라기보다는 네트워크 국가들이 경합을 벌이는 네트워크 간(inter-network) 경쟁으로 개념화할 수 있다. 사실 되돌아보면 미국과 중국은 이미 20세기에도(또는 그 이전에도) 전형적인 국민국가의 모습이 아니라 연방제적인 복합국가(또는 일종의 네트워크 국가)의 면모를 지니고 있었다고 보아야 할 것이다(김상배, 2014).

둘째, 사이버 공간에서 미국과 중국이 벌이는 권력게임의 양상을 전통적인 물질적 자원 권력의 게임으로 보아서는 그 성격을 제대로 파악할 수 없다. 물론 21세기 세계정치에서 미국과 중국이 벌이는 패권경쟁에는 전통적인 부국강병 경쟁의 시각에서 본 군비경쟁이나 무역갈등, 환율전쟁 등의 요소가 없는 것이 아니다. 이러한 부국강병의 측면들은 여전히 양국과 주변 국가들의 미래를 좌우하는 변수로 작동하고 있다. 그럼에도 현재 사이버 공간에서 벌어지고 있는 미중경쟁은 첨단산업·신흥경제, 디지털 문화·공공외교, 사이버 안보·환경안보 등의 분야에서 벌어지는 네트워크 권력게임이 관건임을 잊지 말아야 한다. 첨단산업·신흥경제의 이슈로서 컴퓨터 산업과 인터넷 비즈니스의 사례를 보면, 미국과 중국은 단순한 가격경쟁이나 품질경쟁의 차원을 넘어서는 표준경쟁을 벌이고 있다. 이러한 표준경쟁은 최근 들어 구글(G), 아마존(A), 페이스북(F), 애플(A) 등(일명 GAFA)과 같은 미국의 인터넷 기업들과 바이두(B), 알리바바(A), 텐센트(T) 등(일명 BAT)으로 대변되는 중국 인터넷 기업들 간의 경쟁으로 나타난다. 물론 이러한 기업 간 표준경쟁의 이면에 존재하는 양국 정부의 역할에도 주목해야 한다.

디지털 문화·공공외교와 관련하여 두 나라가 벌이고 있는 사이버 공간의 매력경쟁도 신흥권력의 세계정치를 엿볼 수 있는 흥미로운 사례다. 디지털 문화 콘텐츠 산업이나 인터넷 커뮤니티 중심의 문화 활동, 소셜 미디어 등을 활용하는 디지털 공공외교는 권력 분산, 권력 변환, 권력 이동이 복합적으로 발생하는 신흥권력 현상을 보여주는 사례다. 예를 들어, 미국 영화산업의 본산지인 할리우드가 담당해온 매력 세계정치의 역할을 보면 비국가 행위자들이 발휘하는 신흥권력의 위력을 짐작해볼 수 있을 것이다.

한편 최근 사이버 안보 분야는 미중관계의 핵심적인 갈등 사안으로 등장했다. 이는 사이버 안보 문제가 단순히 온라인의 시스템 보안이나 정보보호의 문제를 넘어서는 지정학적 관심을 끄는 신흥안보의 이슈가 되었음을 극명하게 보여준다. 사이버 안보와 관련된 최근의 전개 양상을 보면 미중 양국 간의 외교적·군사적 갈등까지도 예견케 하는 상황으로 급진전되고 있음을 보여줄 뿐만 아니라 이 문제를 둘러싼 국내외 제도와 규범 형성을 둘러싼 '문명표준경쟁'의 양상까지도 내비치고 있다.

끝으로, 미중 신흥권력 경쟁의 결과로서 등장할 미래 세계정치 권력구조의 모습을 읽어내는 데 있어서 단순계적인 권력이동론에만 입각한 설명은 미흡하다. 신흥권력의 시각에서 보면, 현재 창발하고 있는 권력구조를 전통적인 세력전이론과는 얼마나 다르게 볼 수 있을까? 적어도 권력의 소재가 두 나라 중 어느 하나에게로 '이동(shift)'하는 모습이 아니라 네트워크 국가로서의 두 나라가 서로 얽히면서 경쟁과 협력을 동시에 벌이는 네트워크상의 관계를 보일 가능성이 더 크지 않을까?

이러한 시스템은 국제체제(國際體制, inter-national system)라기보다는 이른바 '망제체제(網際體制, inter-network system)'로 개념화되는 모습일 가능성이 있지 않을까? 그러한 가운데 어느 한쪽이 좀 더 많은 '중심성'을 발휘하는 모습 정도가 아닐까? 다시 말해 이러한 와중에 그려지는 권력구조의 모습은 세력균형(Balance of Power)의 상(像)이 아니라, 이른바 '세력망(Network of Power, NoP)'의 상이 아닐지? 이렇게 벌어지는 '네트워크 간 정치(inter-network politics)' 또는 망제정치(網際政治)의 구조와 동학, 그리고 이러한 밑그림 위에서 두 강대국이 건축하려고 하는 글로벌 및 동아시아 지역 아키텍처의 내용은 무엇인지를 좀 더 구체적으로 살펴보는 것이 향후 연구과제로 제기된다.

이상에서 제시한 바와 같이 네트워크 세계정치와 신흥권력의 부상에 직면하여 한국(좀 더 미래지향적인 의미로 보면 통일 한반도)도 미래전략의 모색이라는 차원에서 주체 변환, 권력 변환, 구조 변환의 메가트렌드에 대응해야 할 과제가 제기된다. 21세기 세계정치에서 새로운 지형에 제대로 대처하기 위해서는 무엇을 해야 할까? 미래 국가전략을 모색하는 차원에서 대내외적으로 여러 가지 노력이 필요하겠지만, 무엇보다도 먼저 전통권력의 발상을 기반으로 한 근대 국제정치의 틀을 넘어설 필요성을 강조하지 않을 수 없다. 비유컨대 '늑대'의 위협으로부터 초가집, 나무집, 벽돌집을 지으려 했던 '돼지 삼형제와 늑대'의 우화를 거꾸로 보는 상상력을 발휘하는 것이 필요하다. 다시 말해 '늑대(근대 국민국가 행위자)'가 쳐들어오는 상황에서는 초가집이나 나무집보다는 벽돌집을 짓는 것이 적합한 대응 양식이었다면, '거미(탈근대 복합 네트워크 행위자)'가 습격을 하는 상황에서는 어떠한 종류의 '집'을 지어야 할까?

4. 동아시아 네트워크 속의 한국

1) 네트워크로 본 한국의 외교전략

변환의 와중에 있는 동아시아 국제질서 속에서 한국의 위상과 역할을 좀 더 가시적으로 살펴보기 위해서 그림 4-2와 같은 동아시아 네트워크 질서의 가상도를 그려보자. 네트워크 이론에서 사용하는 사회연결망분석(SNA)의 시각을 바탕에 깔고 있는 이 그림은 엄밀하게 데이터를 넣어서 그린 것이라기보다는 대략의 데이터를 염두에 두고 직관적으로 그려본 것이다. 현재 가용한 국력, 즉 행위자가 보유한 자원권력의 지표로 사용되는 군사비 지출과 국내총생산(GDP)에 비추어 대략 각 행위자

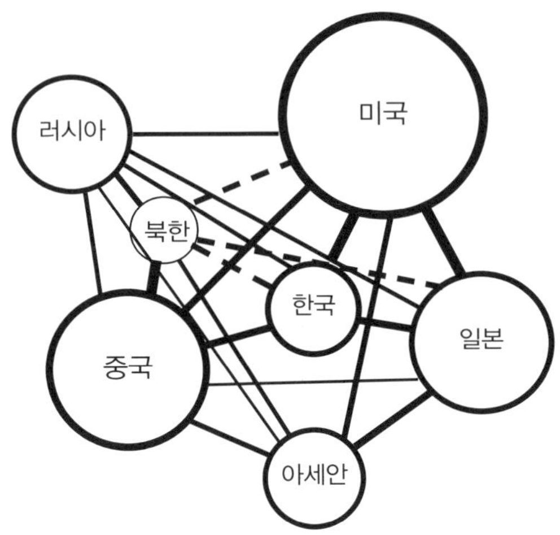

그림 4-2. 동아시아 네트워크 속의 한국

자료: 하영선 · 김상배 편(2010: 80)에서 응용.

의 크기와 테두리 선의 굵기를 조절했다. 이러한 일곱 개 행위자의 연결망 그림을 그리는 데 고려한 지표는 정치군사 동맹의 유무와 강도, 무역 교류의 빈도, 양국 간의 친소(親疎) 관계 등이다. 마찬가지로 실제 데이터를 사용했다기보다는 직관적으로 평가하여 네 단계로 구별하여 그렸다.

이렇게 그려본 동아시아 네트워크 그림에서 한국은 네트워크 전체가 원활하게 작동하기 위해서 필요한 독특한 위치를 점하고 있다. 현재 동아시아 국제정치에서 한국이 담당할 중개자의 역할과 관련하여 거론되고 있는 세 개의 구도가 눈에 띈다. 첫째, 글로벌 및 동아시아 차원에서 미국과 중국의 패권경쟁 사이에서 한국이 무엇인가 적극적인 중개 역할을 할 수 있느냐의 문제다. 둘째, 동아시아 지역 차원에서 갈등 양상을 보이고 있는 중국과 일본 사이에서 한국이 담당할 수 있는 중개 역할이다. 끝으로, 북한과 주변 네 나라 사이에서 한국이, 남북한의 독특한 관계를 활용하여, 담당할 수 있는 적극적인 역할이다. 물론 이 외에도 동아시아 국제정치의 네트워크 구도를 어떻게 보느냐에 따라서 한국이 할 수 있는 역할의 종류는 더 늘어날 것이다.

동아시아 네트워크 속에서 한국이 의미 있는 역할을 담당하기 위해서 무엇보다도 필요한 것은 현재의 네트워크 구도에서 가능한 한 유리한 구도를 만들기 위한 프레임을 짜는 일이다. 이는 동아시아 네트워크에 대한 논의가 미리 주어져 있는 네트워크에 대한 논의가 아니라 네트워크에 참여하는 각 행위자들이 새롭게 구성해가는 네트워크의 이야기이기 때문이다. 이러한 맥락에서 최근 동아시아에서 벌어지고 있는 질서 구축 또는 아키텍처 형성의 노력들에 주목할 필요가 있다. 특히 미국과 중국의 동아시아 질서의 프레임 짜기를 위한 경쟁이 가속화되고 있다. 미국이 글로벌한 개방성의 논리를 앞세워 동아시아 공간에 적극적으로 참여하기 위한 담론을 생성하고 있다면, 중국은 지난 수십 년간의 대내외적 성장이 안정된 궤도에 오를 때까지 국민국가의 주권과 민족주의의 발상으로 방어의 담론을 생성하고 있는 형국이다. 이러한 와중에 일본은 다소 수동적인 자세로 미국의 프레임 짜기에 편승하고 있고, 러시아도 북한을 관통하는 에너지 네트워크 건설 계획 등을 앞세워 동아시아 세계정치에의 복귀를 타진하고 있다. 또한 최근 비핵화와 경제협력 문제를 놓고 나름대로의 프레임 짜기를 시도하고 있는 것으로 볼 수 있다.

한국의 네트워크 프레임 짜기 전략은 어떠한가? 여기서 관건이 되는 것은 강대국의 시각이 아닌 중견국의 시각에서 동아시아 네트워크의 프레임을 짜려는 노력이다. 최근에는 한국 외교도 미국이나 일본에 편승하던 기존의 방식에서 탈피해서 좀 더 적극적이고 독자적인 프레임 짜기를 시도하고 있다. 예를 들어 노무현 정부 당시 제기되었던 '동북아 균형자론'이나 '동아시아 중심국가론' 등이 그 대표적인 사례다. 그러나 이들 구상은 19세기 국제정치의 잣대로 21세기 동아시아의 새로운 질서를 재단하는 우를 범하거나, 또는 주변정세의 구도 속에서 한국의 위상을 제대로 읽어내지 못함으로써 모처럼 밝힌 기회의 불씨를 제대로 살려내지 못했었다. 이러한 맥락에서 볼 때 한국 외교가 어떠한 프레임 짜기를 시도하느냐의 문제는 앞으로 큰 과제가 아닐 수 없다. 특히 급속히 부상하는 중국과 이를 견제하려는 미국이라는 두 강대국 사이에서 양자택일의 선택을 강요받는 '타율적 프레임'을 피하기 위해서라도 중견국의 현실을 반영하는 독자적인 프레임 짜기의 고민이 시급하게 필요하다.

이러한 동아시아 네트워크의 구도와 한국의 위상에 대한 논의의 궁극적 관심은, 한국이 이러한 네트워크 구도 내에서 일종의 표준을 세울 수 있을 것이냐는 문제다. 사실 이러한 질문에 대해서는 다양한 가능성과 한계에 대한 지적이 있을 수밖에 없다. 지난 냉전기와 경제성장기의 경험은 한국으로 하여금 스스로 표준을 세우기보다는 강대국들이 설정해놓은 표준을 얼마나 잘 수용하느냐의 문제에 몰두케 했다. 그러나 21세기 초엽에선 한국은 개도국에서 중견국으로 발돋움한 국력을 바탕으로 미국과 서방 일변도의 단순외교를 넘어서 동아시아의 다른 국가들을 상대로 한 복합외교를 펼쳐나가고 있다.

이러한 맥락에서 볼 때 최근 한국 대중문화의 해외 진출, 즉 한류(韓流)는 매우 흥미로운 표준 세우기의 사례를 제공한다. 초창기의 한류가 드라마와 영화 콘텐츠를 내세워 주로 동아시아 시장을 겨냥하여 성공했다면, 2000년대 후반 이후의 한류는 한국의 대중음악, 즉 K팝을 내세워 아시아 전역을 넘어서 글로벌 대중문화의 본산인 미국과 유럽, 그리고 저 멀리 남미에까지도 진출하고 있다. 한류는 대중문화 콘텐츠를 주로 수입에 의존하던 시대로부터 이제는 대외적으로 수출하는 시대로의 이행을 알리는 신호탄이라는 점에서 큰 의의를 지닌다. 그야말로 한국의 대중문화가 글로벌 문화산업에서 입지를 트는 기회를 마련하고 있다.

한류의 성공, 그 비결은 무엇인가? 우선 한류의 성공은 훌륭한 대중문화 콘텐츠를 생산하여 동아시아와 전 세계로 전파시킨 한류 기업과 민간 부문의 역량의 덕이다. 이러한 한류의 역량은 20세기 후반 한국이 빠른 산업화를 바탕으로 이룩한 경제적 성공을 기반으로 하고 있다. 이러한 시각에서 보면, 한류는 좀 더 나은 문화상품을 만들 수 있게 된 한국의 경제력의 상징이며 소위 CT(Culture Technology)로 알려진 기술력의 상징이다. 실제로 문화 비즈니스 차원의 한류는 한국 기업들의 마케팅 전략이나 현지 합작 등의 형태를 통해서 동아시아 차원에서 형성되는 문화산업 분야 네트워크의 덕을 보았다. 이수만의 SM, 양현석의 YG, 박진영의 JYP 등과 같은 한류 엔터테인먼트 기업들의 전략이 대표적인 사례다.

네트워크의 시각에서 볼 때, 한류는 21세기 세계정치의 장에서 국가 행위자가 아닌 민간 행위자들의 역할이 크게 증대되었음을 보여주는 대표적인 복합 네트워크 현상이다. 예를 들어, 최근 K팝의 성공을 주도한 한류 엔터테인먼트 기업들은 정부의 큰 도움을 받지 않고도 아시아와 세계시장을 효과적으로 공략해왔다. 특히 이들 기업은 문화와 IT가 복합된 CT 분야에서 디지털 역량을 보여주었으며, 새로운 발상의 네트워크 전략을 구사했고, 새로운 미디어 환경을 적극적으로 활용하여 괄목할 만한 성과를 거두어냈다. 복합 네트워크의 양상으로 전개되는 한류의 성과가 주로 창의적 발상을 갖춘 민간 행위자들의 참여로 이루어졌다는 사실은 인정하지 않을 수 없다.

이러한 한류의 역량 또는 실력과 함께 그 성공의 비결로 거론되는 것은 한류에 담기는 한국 문화 콘텐츠의 매력이다. 특히 상품으로서의 한류를 넘어서 한류의 문화적 측면을 강조하는 측은 한류에 담기는 한국 대중문화의 매력을 논한다. 권위주의를 거쳐서 경제발전을 했지만 결국 민주화를 달성한 한국형 발전 모델이 문화 콘텐츠에 담는 매력상품 중의 하나다. 다시 말해, 한류 영화나 드라마의 저변에 깔리는 내용은 경제적으로 발전하고 민주주의를 이룩했으며, 그러면서도 시민사회의 역동성을 잃지 않는 '다이내믹 코리아(Dynamic Korea)'의 모델을 담고 있다. 한국 문화 고유의 가치관도 한류에 담기는 콘텐츠다. 초창기 한류 상품들과는 달리 텔레비전 드라마 〈대장금〉이 주목받았던 이유는 바로 이러한 한국적 가치의 문제와 연관된다. 한국의 대중문화가 그 이전에는 서구문화를 베낀다고 생각했는데 〈대장금〉은 한국이 동아시아의 전통적인 유교적 가치관을 한국적 시각에서 소화해내고 있었기 때문이다. 이러한 시각에서 보면 한류는 단순한 상품이 아니라 문화적 가치의 전도사다.

이상에서 살펴본 한류의 실력론과 매력론에는 조심할 부분이 있다. 한류의 성공을 내가 잘나서 그랬다는 식으로 이해하는 오류다. 다시 말해 한류가 성공한 것은 한류 기업이나 민간 문화인들이 다른 나라에 비해서 훨씬 뛰어난 콘텐츠 생산 능력과 비즈니스 기술이 있었기 때문이라거나 또는 한국 문화가 다른 나라의 그것에 비해서 훨씬 더 매력적이라고 보는 시각이다. 이는 본질적으로 상호적일 수밖에 없는 국제문화 현상을 문화 생산자의 능력, 즉 하드 파워와 소프트 파워로 환원시켜 설명하는 잘못을 범할 우려가 있다. 그러나 동아시아 네트워크, 그리고 그 속에서 한국의 역할이라는 관점에서 볼 때, 한류 성공의 핵심은 실력의 과시나 매력의 발산보다는 문화 네트워크에서 적절한 역할을 수행한 데 있다.

최근 한류는 동아시아 한류에서 글로벌 한류로 전이되고 있다. 한류로 대변되는 문화세계정치 현상을 제대로 설명하기 위해서는 발신자와 수신자 또는 생산자와 수용자의 상호과정을 좀 더 복합적으로 고려하는 시각이 필요하다. 한류는 이 양자가 구성하는 복합적인 관계, 즉 네트워크의 맥락에서 이해해야 하는 논제이기 때문이다. 네트워크의 시각에서 보면 한류 성공의 비결은, 소프트 파워의 논의가 암시하는 것처럼 일방적으로 우월한 지식과 문화를 전파한 데 있기보다는, 대상 국가의 사람들, 그리고 더 나아가 글로벌 차원의 수용자들과 양방향으로 소통하고 공감을 얻어낸 데 있다. 다시 말해 한류의 성공은 글로벌 차원에서 발생하는 문화산업의 변환을 배경으로 하여 한류 콘텐츠 생산자들의 실력과 매력과 동아시아 및 글로벌 수용자들의 문화적 취향이 적절하게 맞아떨어진 결과로 보아야 한다. 이러한 맥락에서 우리가 주목해야 할 중요한 현상은 국내외에서 영향력을 늘려가고 있는 문화 수용자들의 부상이다. 한류를 수용하는 국내외 팬들은 이제 더는 수동적인 객체가 아니라 대중문화의 트렌드를 이끌어가는 능동적인 주체로서 자리매김했다. 특히 이들은 한류 기업들이 형성하는 네트워크와는 다른 모습의 자생적이고 수평적인 소셜 네트워크의 형태로 움직인다. 실제로 한류의 이면에는 인터넷상의 카페와 커뮤니티를 기반으로 하고 유튜브나 페이스북과 같은 소셜 미디어를 활용하여 문화 콘텐츠를 나누고 즐기는 신세대들의 팬클럽 네트워크가 있다. 프랑스의 코리아 커넥션이나 동남아시아 등지의 한류 아이돌 팬클럽 등이 그 사례다. 또한 K팝 스타 싸이가 '강남스타일'을 통해서 거둔 성공의 숨은 공신으로 유튜브와 페이스북, 트위터를 드는 것도 바로 이러한 맥락에서다.

네트워크의 시각에서 볼 때, 한류의 성공은 발신자로서 한류 기업들의 현지 차별화된 네트워크 전략과 수신자로서 현지 팬클럽의 소셜 네트워크가 접목되면서 판매와 소비의 네트워크뿐만 아니라 소통과 공감의 네트워크가 구성된 데 그 비결이 있다고 할 수 있다. 물론 이렇게 형성된 커뮤니케이션의 네트워크에 담기는 한류 문화 콘텐츠의 우수성과 매력도 무시할 수 없는 성공의 요인이다. 여기서 한국은 구미의 대중문화를 동아시아의 취향에 맞게 가공하여 전파하는 문화중개자로서의 역할을 훌륭히 수행했다. 이러한 문화중개자의 역할을 지속하기 위해서는 동아시아에 내재한 문화유전자를 발견하거나 퓨전 코드를 개발하는 문제가 중요하다. 이러한 과정에서 한국의 고유문화와 보편적 가치가 얼마나 동아시아인의 마음을 사로잡을 수 있는가도 중요하다. 궁극적으로 한류는 이러한 요소들을 복합적으로 고려해서 보아야 할 네트워크 세계정치의 사례다.

2) 열린 네트워크 국가의 과제

동아시아를 향해서 한국이 네트워크 전략을 추구해나감에 있어서 네트워크의 개념을 단순히 전략적인 도구로만 받아들여서는 한계가 있을 수밖에 없다. 예전과는 다른 방식으로 동아시아 국제질서를 이해하고, 이 안에서 한국이 자리잡을 위치와 담당할 역할에 대한 프레임을 짜서, 여러 동아시아 국가들과 함께 만들어가는 동아시아 표준을 수립하기 위해서 노력한다고 하더라도, 결국 한국의 협소한 국가 이익을 위해서 이러한 네트워크를 전략으로 활용하는 방식으로 동아시아 주변 국가들을 대한다면 그 결과는 어떠할까? 전략으로서 네트워크 외교전략을 채택하는 실행주체의 모습을 되돌아보았을 때, 정작 한국의 국가 모델은 여전히 근대적인 의미의 노드형 행위자, 즉 근대 국민국가 모델에만 집착하고 있다면 그러한 네트워크 전략 자체가 궁극적으로 얼마나 효과를 볼 수 있을까? 동아시아 국제질서나 한국의 외교전략에 대한 논의에 네트워크 시각을 원용했던 작업이 존재론적 차원에서 한국의 국가 이익과 국가 형태에 대한 논의로 확장되어야 하는 이유가 바로 여기에 있다. 특히 과거의 개도국에서 오늘날 이른바 중견국(中堅國, middle power)으로 발돋움한 한국이 효과적으로 외교전략을 추진하기 위해서는 이러한 존재론적 고민이 절실하게 필요하다.

사실 광복 이후 지난 70년을 돌아보면 한국 외교의 역량과 위상이 크게 높아졌다. 최근 한국 외교의 정체성을 새로이 세워야 한다는 학계의 논의는 이러한 현실의 변화를 바탕으로 한다. 실제로 한국은 군사력과 경제력 분야에서 이룩한 성장을 바탕으로 세계 10~15위권의 국력을 보유하고 있는 것으로 평가된다. 2012년 6월에는 세계에서 일곱 번째로 국민소득 2만 달러와 인구 5천만 명을 달성한 나라들의 대열인 이른바 '20-50클럽'에도 진입하여 개도국의 이미지를 완전히 벗어던졌다. 국가 브랜드라는 측면에서도 이제 한국은 '원조 받는 나라에서 원조 주는 나라'의 이미지를 세워나가고 있다. 이 밖에도 IT와 인터넷 분야에서 이룩한 한국 기업들의 성공이나 텔레비전 드라마와 K-팝을 앞세운, 한류 열풍도 한국의 높아진 위상을 엿보게 하는 사례들이다. 그야말로 광복 이후 한국이 개도국으로서 보여왔던 외교적 발상과 행태를 탈피하고 중견국으로서 새로운 외교적 정체성을 모색할 국면을 맞이하고 있다.

중견국 한국이 대외적으로 외교적 정체성을 어떻게 발휘할 것이냐는 문제와 더불어 대내적으로도 중견국이라는 국가의 성격, 즉 어떠한 형태의 국가냐고 하는 존재론적 문제를 묻지 않을 수 없다. 특히 이러한 중견국의 국가 성격의 문제는 중견국 외교의 방법과 원칙, 목표가 되는 국가 이익을 어떻게 규정할 것이냐의 문제를 통해서 나타난다. 앞서 살펴본 동아시아 국제질서와 그 안에서 한국의 위치에 대한 논의가 주로 밖으로부터 규정되는 중견국의 대외적 역할과 정체성에 대한 논의였다면, 내부적 차원에서도 이러한 중견국의 구조적 위치에 대한 논의는 중견국이 추구할 국가 이익의 인식에도 영향을 미치는 변수다. 다시 말해, 국가 이익 개념의 재규정 문제는 중견국이 자리 잡은 구조적 위치에 대한 고민을 반영한다. 이러한 시각에서 보면, 중견국은 강대국이 추구하는 것과 같이 확장된 국가 이익의 개념을 바탕으로 행동할 수도 없지만,

그렇다고 개도국의 경우처럼 협소하게 규정된 국가 이익의 개념에만 머물러 있을 수도 없는 처지다.

최근 한국이 처한 중견국의 입장을 보더라도 이제는 과거와 같이 협소하게 정의된 국가 이익만을 추구할 수 없게 되었다. 사실 한국은 20세기 후반 근대화와 산업화의 추진 과정에서 국내적으로 협소 국가 이익을 추구해왔다. 대외적으로도 개별 국가 단위의 차원에서 본 국가 이익의 추구를 우선시할 수밖에 없는 형편이었다. 그러나 최근 개도국의 위상을 넘어서 중견국의 위치로 도약하고 있는 한국의 경우, 기존의 국가 이익에 대한 인식을 수정할 필요성과 당위성에 직면했다. 중견국 한국은 종전과는 달리 좀 더 넓은 의미에서 국가 이익을 정의하고 이를 기반으로 하여 안팎으로 확장된 외교 전략을 추진해야 할 과제를 안고 있다. 현 시점에서 적어도 확인할 수 있는 것은 한국의 중견국 외교가 '닫힌 국가이익론'이 아닌 '열린 국가이익론'을 바탕으로 모색되어야 한다는 사실이다.

첫째, 국가 이익을 추구하는 방법이라는 점에서 볼 때, 한국의 중견국 외교는 종전보다 좀 더 '부드럽게' 국가 이익을 추구할 수밖에 없다. 이는 군사력, 경제력 등과 같은 물질적 권력자원을 바탕으로 상대방을 밀어붙이는 힘, 즉 하드 파워(hard power)에 기반을 두고 국가 이익을 추구하는 패턴에서 탈피하는 것을 의미한다. 지식, 이념, 외교와 같은 비물질적 자원을 바탕으로 하여 상대방을 설득하고 유인하고 회유하여 끌어당기는 힘, 즉 소프트 파워(soft power)를 활용하여 국가 이익을 추구하는 것이 효과적이라는 인식과 통한다. 더 나아가서 이는 하드 파워와 소프트 파워를 교묘히 섞는 스마트 파워(smart power)의 방법을 채택하는 것을 의미하는데, 네트워크 외교 전략에 대한 논의와 통한다. 사실 국제정치의 역사를 보면, 중견국이라고 하는 나라들이 일정한 수준의 하드 파워를 갖추게 되면, 즉 속성론으로 본 국력이 중간 규모로 커지게 되면,

하드 파워 외교의 패턴을 넘어서 소프트 파워 외교에 관심을 갖게 되는 경향이 나타났다. 최근에 공공외교나 한류와 같은 소프트 파워 외교에 각별한 관심을 갖는 한국의 사례도 이러한 맥락에서 이해할 수 있다.

둘째, 국가 이익을 추구하는 원칙이라는 점에서 볼 때, 한국의 중견국 외교는 상호 간의 공동이익을 만족시키는 외교를 추구할 필요가 있다. 이는 개별 국가 이익의 일방적 추구를 넘어서 인식의 공유와 연대의 형성을 바탕으로 한 상호이익을 추구하는 문제다. 이러한 상호이익은 어느 국가나 지닌 내재적 속성의 유사성에서 비롯될 수도 있지만, 일군의 국가들이 글로벌 거버넌스의 이슈 구조에서 유사한 구조적 위치를 점함으로써 발생하기도 한다. 다시 말해, 행위자들이 내재적으로 지닌 개별 이익일 수도 있고 유사한 구조적 위치에 놓임으로써 생겨나는 집합이익일 수도 있다. 1990년대 이후의 캐나다, 호주와 같은 국가들의 중견국 외교에 대한 논의도 바로 이러한 상호이익의 개념을 바탕으로 전개되었는데, 무역이나 금융, 신흥안보 분야에서 출현한 동지국가(like-minded countries)들의 연대전략이 거론되었다. 당시 중견국의 입장에서 볼 때, 물리적 공격에 의한 영토적 통합성에 대한 명시적 위협은 감소한 반면, 새로이 재편되는 글로벌 경제질서의 소용돌이 속에서 경제주권을 확보하는 문제나 초국적 이슈로 제기된 신흥안보의 위협이 오히려 더 심각할 수 있다는 인식이 그 배경이 되었다.

끝으로, 국가 이익을 추구하는 목표라는 점에서 볼 때, 한국의 중견국 외교는 국제사회와 인류공동체의 보편적 규범에 부합하는 외교를 추구할 필요가 있다. 이는 이익을 기반으로 작동하는 실리외교를 넘어서 규범적이고 도덕적으로 타당한 국가 이익을 추구하는 규범외교의 추구를 의미한다. 사실 이러한 중견국 외교의 규범적 성향은 '계몽된 자기이익'에 대한 관념을 바탕으로 이루어지는 '인도적 국제주의(humane internationalism)'로서 개념화된 바 있다. 우리말로 표현하면, 이는 '착한[善] 외교,' 또는 '어진[仁] 외교'라고 부를 수 있을 것이다. 그런데 이 글에서 강조하는 구조적 위치론의 시각에서 보면, 이러한 중견국의 규범외교는 행위자의 기질 자체에서 비롯된 것이라기보다는 그 나라가 놓여 있는 구조적 위치에서 생성되는 점도 없지 않다. 다시 말해 중견국의 규범외교는 다른 나라보다 좀 더 도덕적이고 덜 이기적인 기질을 갖고 있는 나라였기 때문이 아니라 특정한 구조적 조건하에서 이루어지는 행위자의 전략적 선택의 결과로 해석할 수 있다. 최근 한국이 추구하고 있는 개발협력 외교, 평화유지 외교, 인도주의적 기여 외교 등의 의미도 이렇게 구조적 위치에서 파악된 규범외교(즉 확장된 국가 이익)라는 관점에서 되새겨볼 필요가 있다.

한편 새로운 국가 이익의 개념에 기반을 둔 중견국 외교의 추진은 대내적으로 이러한 국가 이익의 재규정을 감내할 국내적 지지 기반을 필요로 한다. 왜냐하면 중견국 외교의 추구는 많은 경우 글로벌 거버넌스의 참여에서 발생하는 의무를 부담하는 문제로 귀결되는데, 이를 감당하기 위해서는 그 비용을 지불할 국내적 합의와 지지가 있어야 하기 때문이다. 지구화 시대를 맞이하여 글로벌 이슈들이 국내체제에 미치는 영향이 늘어나면서 외교정책의 과정에 민간 및 시민사회 행위자들이 기여할 여지가 많아졌다. 이러한 구도에서 특정 이슈 영역에서 중견국 규범외교의 실천이 국제적으로 기대됨에도, 국내 특정 집단에 피해를 줄 가능성 때문에 국내의 반대에 봉착하는 상황이 발생할 수도 있다. 이러한 점에서 중견국 외교는 약소국 외교의 실리주의와 이에 익숙한 기존 여론의 극복을 과제로 안고 있다. 이러한 맥락에서 볼 때 제1세대(또는 제1.5세대) 중견국 외교의 출현에는 캐다나, 호주, 스웨덴, 노르웨이와 같은 국가들의 (사회)민주적 국내체제의 성격이 중요한 영향을 미쳤다고 볼 수 있다. 이러한 점에서 중견국 외교의 국내적 기원을 강조하는 시각은, 이 글에서 강조하고 있는 중견국 외교에 대한 구조적 위치론의 주장을 보완한다.

이상의 논의를 바탕으로 볼 때, 한국 국민은 '양보하고 기여하는 소프트 파워의 중견국 외교'를 추진하기 위한 준비가 얼마나 되어 있을까? 바로 이 점에서 중견국의 국가 이익이나 정체성에 대한 논의가 궁극적으로 중견국의 국가 모델을 재조정하는 문제로 연결될 수밖에 없다. 좀 더 넓게 보면, 제3세대 중견국 외교는 전통적인 근대 국민국가 모델의 연속이 아니라 21세기 세계정치의 새로운 국가 모델, 즉 네트워크 국가의 부상이라는 맥락에서 이해해야 한다. 네트워크 조직 이론의 시각에서 보면 지구화, 정보화, 민주화의 시대를 맞이한 오늘날에는 국민국가와 같은 '폐쇄체계(closed system)'의 국가 모델이 아닌 개방체계의 모습을 따르는 열린 국가 모델이 부상하고 있다. 이러한 점에서 한국의 중견국 외교에 대한 논의는 단순히 국민국가로서의 어느 중견국의 외교라는 차원을 넘어서 좀 더 열린 정체성과 국가 이익에 기반을 둔 개방체계로서의 네트워크 국가가 추구하는 외교라는 맥락에서 이해되어야 한다.

이러한 네트워크 국가에 대한 논의는 현재 한국이 당면하고 있는 가장 큰 문제 중 하나인 한반도의 통일 문제와 연결될 수밖에 없다. 네트워크의 시각에서 한반도 통일을 논하는 경우 가장 먼저 필요한 것은 역시 기존의 노드의 발상을 넘어서 통일론의 지평을 여는 일이다. 사실 우리가 자주 사용하는 통일(統一, reunification)이라는 용어는 근대 국민국가(modern nation-state)라고 하는 '노드(node) 차원의 발상'이 낳은 소산이다. 지난 50여 년 동안 우리가 논하고 있는 한반도의 통일이란 다름 아니라 남북한에 나뉘어 살고 있는 한민족이 국민국가라는 틀 안에서 '하나가 되는 것,' 즉 '통일(統一)'을 의미한다. 이러한 맥락에서 보면 한반도의 통일이란 19세기 후반 개항 이후 지난 100여 년 동안 우리 민족이 추구해왔던 근대 국민국가 건설 과정에서 지속적으로 설정해온 목표라고 할 수 있다.

그렇지만 여기서 우리가 주목할 것은, 한반도의 통일이 노드 차원에서 제기되는 목표인 것은 맞지만 그 목표가 노드 차원의 발상만으로는 풀 수 없는 '탈(脫)노드 차원의 과제'라는 사실이다. 다시 말해, 한반도의 통일은 이해관계가 걸려 있는 주변 국가들과의 '관계' 속에서 풀어야 할 '네트워크 차원의 과제'다. 이러한 맥락에서 볼 때 한반도 통일전략의 방향은 '하나로 합치는 통일(統一)'의 전략이기보다는 '모든 곳으로 통하는 전통(全通)'의 전략, 즉 네트워크 통일의 전략이 되어야 할 것이다. 이러한 점에서 보면, 한반도 통일은 단순히 남북한의 단위 통합의 문제가 아니라, 남북한 통합을 중심에 놓고서 안과 밖으로 국내외의 거버넌스 메커니즘을 구축하는 네트워크 국가의 건설과제로서 이해된다.

통일 네트워크 국가를 달성하기 위해서는 남북한 간의 네트워크와 함께 국내 차원에서도 네트워크를 구축하는 것이 필요하다. 한국의 사례만을 보더라도 최근 주요 국제 문제에 대한 여론 분열, 남남 갈등 등이 효과적인 외교적 대응을 가로막는 중요한 요인이 되어왔다.

이를 극복하기 위해서는 국내정책, 정치적 소통체계를 총체적으로 재정비하고, 정보화 시대에 걸맞은 정부와 시민사회의 소통기제를 마련해야 한다. 나아가 정부가 수세적으로 소통하는 것이 아니라 시민사회의 지혜를 정책결정 및 실행과정과 연결시키고 이들을 이끌어가는 노력이 필수적이다.

통일국가의 모델로서 네트워크 국가는 국가-비국가 행위자의 관계망을 특징으로 하는 다층적인 네트워크의 등장을 포괄하는 개념이다. 네트워크 국가는 정부 간 네트워크의 활성화와 온라인과 오프라인의 글로벌 거버넌스의 필요성, 그리고 국민국가 단위를 넘어서는 지역주의의 강화 등을 배경으로 하여 출현하고 있다. 예를 들어 유럽이나 북미, 그리고 동아시아에서 모색되고 있는 지역통합의 움직임은 국민국가 단위를 넘어서는 네트워크 국가의 부상을 보여주는 하나의 사례다. 그러나 네트워크 국가의 등장은 각 지역별로 상이한 형태로 나타날 가능성이 존재한다. 이러한 맥락에서 볼 때 한국의 통일 네트워크 국가는 동아시아 차원에서 진행되는 네트워크 국가와 보조를 맞출 필요가 있다.

5. 맺는말

이 글은 동아시아의 미래를 모색하려는 담론과 시도를 세 가지 측면에서 살펴보았다. 협력의 비전으로서 동아시아 공동체 담론의 출현과 그 한계를 검토하고, 갈등의 현실로서 동아시아 국가들의 행보와 대중 차원의 민족주의를 지적했으며, 동아시아의 미래를 모색하는 한 방편으로서 다층적인 네트워크의 부상과 그 의미 등을 살펴보았다. 이러한 논의를 바탕으로 하여 동아시아 네트워크 속에서 한국의 위상을 짚어보았다. 동아시아의 미래를 네트워크로 보려는 시도는 단순히 협력의 비전으로만 보는 낙관론이나 갈등의 비전으로만 보는 비관론을 넘어서 협력과 갈등, 그리고 경쟁의 비전이 복합되는 동아시아의 현실을 입체적으로 파악한다는 점에서 의미가 있다. 더 나아가 이렇게 네트워크의 시각을 원용해서 동아시아 국제질서와 한국의 미래전략을 살펴보는 작업의 의미는 문명사적 변환에 직면한 것으로 자주 묘사되는 동아시아 국가들이 안고 있는 과제를 풀어나가는 데 있어 남다른 의미를 던진다.

실제로 21세기에 접어든 동아시아는 과거와 현재를 딛고 일어서 이제 미래를 열어나가야 할 과제를 안고 있다. 글로벌화, 정보화, 민주화 등으로 대변되는 변환의 시대를 맞고 있는 동아시아는 이미 역사적으로 이에 비견될 큰 변환을 맞았던 적이 있다. 19세기 중후반 서세동점(西勢東漸)의 물결 속에서 동아시아 국가들은 원하지 않는 큰 변환을 겪고 감당해야만 했다. 그 변환의 핵심에는 대포와 군함으로 대변되는 서구 산업문명의 충격이 있었다. 당시 대포와 군함이 상징한 것은 단순히 파괴력과 정교함이 앞서는 서구의 이기(利器)만은 아니었다. 서구의 대포와 군함은 군사혁명, 산업혁명, 과학혁명, 인쇄혁명 등을 거치면서 발달한 근대 산업문명을 응축하여 반영했다. 이러한 산업문명을 토대로 하여 국민국가, 자본주의, 민족주의 등과 같은 근대의 제도적·이념적 골격이 갖추어졌고, 이를 국제적으로 확장한 근대 국제정치의 메커니즘이 새로운 '문명표준'으로서 동아시아 국가들에 충격을 주었다.

19세기 중후반의 변환이 산업문명의 충격으로 요약된다면, 21세기 초엽의 변환은 정보문명의 도래를 핵심으로 한다. 정보문명은 21세기 세계정치의 저변에 흐르는 물적·지적 조건의 변화뿐만 아니라 정보와 지식을 생산하는 양식이나 이를 활용한 커뮤니케이션 양식의 변화, 그리고 여기서 더 나아가 조직과 제도, 문화와 정체성의 변화까지도 포괄한다. 이러한 정보문명은 1960~70년대부터 미국에서 싹을 틔워 반도체와 컴퓨터, 인터넷과 스마트폰 등의 외양을 하고 동아시아 국가들에 전파되었다. 여태까지 정보문명의 도래에 대응하는 동아시아 국가들의 성적표는 그리 나쁘지 않다. 물론 만만치 않은 충격도 있었다. 예를 들어 1992년 일본은 소위 '컴팩 쇼크'라고 불리는 충격을 경험했는데, 미국의 PC업체인 컴팩의 시장공세가 '제2의 흑선'이 왔다고 비유되기도 했다. 한국의 경우에도 2010년 소위 '아이폰 쇼크'라고 불린 충격을 받았다. 잘 나가던 한국의 IT산업이 새로운 도약의 문턱에서 머뭇거리는 순간, 미국의 IT기업인 애플이 새로운 개념의 스마트폰 단말기를 들고 나타났던 것이다. 이들 사례는 단순한 에피소드일 수도 있지만 곰곰이 살펴보면 새로운 미국발(發) '문명표준'의 위력을 엿보게 한다.

새로운 문명표준의 충격과 이에 대한 대응이라는 구도하에서 2000년대에 들어서 활발히 논의되고 있는 동아시아에 대한 이야기들,

소위 ‘동아시아 담론’의 부상을 이해해야 한다. 동아시아 담론의 부상은 최근 동아시아 국가들이 이룩한 경제 성장의 현실을 그 배경에 깔고 있다. 1980년대 일본의 성장과 1990년대 한국의 성장, 그리고 2000년대 중국의 부상에 힘입은 바 크다. 이들 국가를 중심으로 형성된 동아시아 담론은 20세기 후반 들어 진행되고 있는 미국 주도의 지구화와 정보화에 대한 대항담론의 성격이 강하다. 이는 탈냉전과 9.11테러 이후 세계 유일의 패권으로 군림했던 미국의 주도권에 대응하려는 역사 인식의 발로이기도 하다. 이러한 인식을 바탕으로 부상하는 동아시아의 기세도 만만치 않다. 최근 동아시아 국가들이 구축한 다자적 연합전선은 ‘방어 담론’을 넘어서 ‘공세 담론’을 생성하는 양상마저도 보인다.

근대화와 산업화의 역사를 돌아보면, 동아시아 국가들은 개별적으로 글로벌 차원의 도전에 대응하는 동시에 동아시아라는 지역공간을 매개로 하여 글로벌 세력과 경쟁하는 모습을 보여주었다. 최근 다양한 영역과 다층적 수준에서 네트워크를 형성하고 있는 동아시아 국가들의 행보도 이러한 맥락에서 이해 가능하다. 그렇다면 동아시아에서 네트워크 질서의 구축은 어떻게 가능할까? 동아시아 네트워크 내에서 경쟁과 갈등의 비전을 넘어서 협력과 화합의 비전을 실현할 수 있는 길은 무엇일까? 그리고 여기서 더 나아가 동아시아에서 국제사회와 지역 공동체 또는 동아시아 문명의 구축은 얼마나 가능할까? 이러한 동아시아의 비전들을 실현하기 위해서는 동아시아의 현실에 대한 정확한 인식을 바탕으로 새로운 미래를 열어가려는 차분한 노력이 필요하다.

궁극적으로 동아시아 네트워크를 바탕으로 새로운 지역질서를 모색하려는 동아시아 국가들의 실험이 궁극적으로 성공을 거두기 위해서 염두에 두어야 할 것은 ‘열린 네트워크’의 추구다. 소위 문명충돌론에서 그리고 있는 것처럼 새로운 동아시아 질서(또는 동아시아 문명)의 추구가 글로벌 질서(또는 글로벌 문명)와의 충돌을 야기하는 모습은 바람직하지 못하다. 만약에 동아시아 국가들이 독자적인 지역 네트워크의 구축을 바탕으로 글로벌 네트워크와 경쟁하거나 협력한다고 할 경우 양자 간의 호환성 문제는 관건이 될 수밖에 없다.

네트워크 시대로 대변되는 21세기 변환기를 헤쳐나가는 동아시아는 글로벌 차원의 변화와 동아시아 각국 차원의 변화를 포괄하면서 '개방된 집중 공간'으로서 동아시아를 설계하지 않을 수 없다. 이러한 시각에서 보면 지금 동아시아인들에게 필요한 것은 '문명 간의 충돌'이 아닌 '문명 간의 네트워크'를 구축하는 지혜다.

참고문헌

김상배, 2006,「동아시아 지역주의와 IT협력의 미래」, 손열 편,『동아시아와 지역주의: 지역의 인식·구상·전략』, 지식마당.

김상배, 2008,「네트워크 세계정치이론의 모색: 현실주의 국제정치이론의 세 가지 가정을 넘어서」,『 국제정치논총』48(4): 35-61.

김상배, 2014,『아라크네의 국제정치학: 네트워크 세계정치이론의 도전』, 한울.

민병원, 2009,「[쟁점주제논평] 네트워크의 국제관계: 이론과 방법론, 그리고 한계」,『국제정치논총』49(5): 391-405.

하영선 편, 2008,『동아시아 공동체: 신화와 현실』, 동아시아연구원.

하영선·김상배 편, 2010,『네트워크 세계정치: 은유에서 분석으로』, 서울대학교출판문화원.

Goddard, S. E., 2009, "Brokering change: Networks and entrepreneurs in international politics," *International Theory* 1(2): 249-281.

Hafner-Burton, E. M. and Montgomery, A. H., 2006, "Power positions: International organizations, social networks, and conflict," *Journal of Conflict Resolution* 50(1): 3-27.

Hafner-Burton, E. M., Kahler, M., and Montgomery, A. H., 2009, "Network analysis for international relations," *International Organization* 63(3): 559-592.

Kahler, M., ed., 2009, *Networked Politics: Agency, power, and governance*, Cornell University Press.

Maoz, Z., 2010, *Network of Nations: The evolution and structure and impact of international networks, 1816-2001*, Cambridge University Press.

Nexon, D., 2009, *The Struggle for Power in Early Modern Europe: Religious conflict, dynamic empires, and international change,* Princeton University Press.

Nexon, D. and Wright, T., 2007, "What's at stake in the American empire debate?" *American Political Science Review* 101(2): 253-271.

제5장

나오며

손정렬(서울대학교 지리학과)

1. 네트워크 관점으로 본 아시아의 인구, 도시 그리고 국가

2장부터 4장까지의 논의를 통해 아시아 지역 내 서로 다른 공간적 스케일에서의 아시아 지역에서 다양한 구성주체가 네트워크상에서 어떠한 관계를 형성하고 있으며, 이를 통해 그러한 관계들이 각 구성주체들에 미치는 영향은 무엇인지를 정리했다.

2장에서는 네트워크적 관점에서 인구의 동학과 구조가 연계, 변형, 창조적으로 변화되는 현상을 밝히고, 이러한 인구현상의 연결에서 심화, 확대될 수 있는 사회 불평등의 기제들을 구체화하고 지속가능한 발전을 위한 과제들을 제안했다. 특히 향후 정치, 경제, 문화, 사회 공동체의 중요한 허브가 될 수 있는 동북아와 아세안 지역을 중심으로 인구 네트워크 현상과 그 사회적 영향을 조망했다. 동북아와 아세안 지역의 인구가 서로 영향을 받으면서 연결되는 네트워크화 현상의 중요한 구조적 요인은 크게 인구구조의 불균형과 경제구조의 불균형 요인에 주목했다. 인구 차원에서 동북아와 아세안 지역은 인구규모가 가장 큰 지역에 속하며 지역 내 다양성도 매우 크다. 아시아 지역의 인구규모와 인구구성의 다양성과 관련하여 주목할 현상은 한국, 일본, 중국 등을 포함한 동북아시아 지역의 매우 낮은 출산율과 급속한 고령화 현상에서 비롯된 인구구조의 불균형 현상과 이에 대응하기 위해 해당 국가의 정부, 기업, 행위자들이 다른 아시아 지역 인구와 네트워크를 강화할 잠재성이다.

동북아-아세안 지역에서 인구 네트워크가 확장되는 또 다른 중요한 원인이 글로벌-로컬 수준에서 작용하고 있는 경제구조의 불균형과 이에 대한 국가, 기업, 개인의 전략일 수 있다. 한편으로 자본축적을 위해 해외직접투자, 글로벌 생산 네트워크가 확대되면서 위로부터 지구화가 일어나고 이에 따라 경제와 인구의 초국적 연결이 강화된다. 또한 경제적 불균형에 대한 대응은 밑으로부터도 강화되고 있다. 지구적 경제에 통합될 때 주변 지역의 주민은 이주를 통하여 생계방식을 다원화하고 개선하고 출신국에서의 사회, 경제, 제도적인 발전의 제약들을 극복하는 주요한 가계 전략을 추구하게 된다. 동북아-아세안 지역 주민은 한편으로 유입국의 인구구조의 불균형으로부터 파생된 유인의 힘과 상대적으로 유리한 소득기회를 기대하면서 단기 노동자, 돌봄노동자, 국제결혼이주자, 순환이동 등의 형태로 현지국에 이동하여 소득기회를 획득하며 송금 등을 통해 출신국 경제에 직간접적으로 영향을 미치고, 이주의 연쇄를 강화하고 있다.

이렇게 강화되는 인구 네트워크 현상은 경제, 사회, 문화, 정치적 차원에서 복합적인 사회 변동을 추인하고 있다. 동북아-아세안 지역의 인구 네트워크화는 현지 기업과 이주민, 가족, 그리고 모국의 발전에 중요한 영향을 미칠 수 있다. 그러나 모국 지역의 자립적인 산업역량과 인적자본 고양이 매개되지 않을 때는 네트워크화에 의해 지역 간 경제 불균형이 더욱 심화될 수 있는 위험도 크다. 또한 단기 노동자 이주의 경우 현지 사회에 경제, 사회, 문화 차원에서 하층계급화되고 세대를 통해 배제가 재생산되는 현상도 존재한다. 네트워크화와 발전의 긍정적 기능은 자동적이지 않고 또 시장의 힘만이 그 관계를 만드는 것이 아니다.

정부와 시민사회가 얼마나 지역에 생산적인 하부구조를 만드는지, 숙련 기술의 제도를 만드는지, 그리고 이주민이 초국가적 이타성과 연계를 강화하는지에 따라 네트워크의 영향은 달라질 수 있음을 강조한다.

이처럼 동북아-아세안 지역의 인구 네트워크화는 경제, 사회, 문화, 정치적 변동의 복합체로서 달콤한 꿀도 아니고 파괴적인 독도 아니다. 인구, 경제, 사회, 문화, 정치적 조건이 네트워크화되어 전개될 수 있는 발전의 향방을 결정하는 중요한 과제는 경제적 효용만을 중시한 발전주의 틀에서 벗어나 점차 다원화되는 시민 개개인의 경제, 문화, 정치적 역량을 지원하는 제도와 정책 및 국가, 기업, 시민사회, 국제사회를 연결하는 협력적 거버넌스의 실현이다.

3장에서는 아시아 도시 네트워크를 무차별 대입(brute force)과 분급작용(sorting process)이라는 네트워크의 두 관점을 통해 연구를 수행했다. 분석 결과는 전 세계적인 스케일에서 아시아 도시들이 차지한 위치와 그들 간의 관계를 드러내준다. 2006~13년 사이 글로벌 금융위기를 전후로 초국적 기업의 본사-자회사 연결망에 따른 도시 간 네트워크 형성을 통해 아시아 도시들의 위상과 변화를 살펴본 결과는 다음과 같다.

첫째, 무차별 대입 관점에서 본 세계도시 네트워크 속에서 아시아 도시들의 위상은 점차 높아지고 있다. 아시아 도시 전체의 연결도가 증가한 것은 물론 상위 도시들의 연결증가 속도 또한 유럽이나 북미 도시들에 비해 매우 빨랐다. 특히 무차별 대입 관점에서 도쿄는 분석기간 동안 전 세계에서 네트워크 연결도가 가장 빠르게 상승했다. 둘째, 분급작용의 관점에서 본 세계도시 네트워크 속에서 아시아 도시들은 무차별 대입 관점에서 바라본 위상보다 더욱 두드러진 상승세를 보인다. 이는 초국적 기업이 단순히 자회사 수를 증가시키는 데 그치는 것이 아니라 아시아 도시를 자신들의 전략적 기점(basing point)으로 사용하고 있음을 의미한다. 무차별 대입에 비해 분급작용에서는 전체 1~7위까지 도시들이 모두 아시아 도시들로 구성되어 있을 만큼 증가속도가 매우 높다. 이는 아시아를 중심으로 한 세계도시 네트워크의 조정가능성을 시사한다. 셋째, 아시아 도시들의 위상 증가와 더불어 아시아 도시 내부의 결속이 한층 더 강화되고 있다. 금융위기 이전의 세계도시 네트워크에서 아시아 도시들 간의 연결에 비해서 뉴욕, 런던, 도쿄, 파리 등 전 세계적으로 연결도가 높은 상위도시들 간의 연결이 매우 높은 수준이었다면 점차 아시아 도시들 간의 연결이 도쿄를 중심으로 큰 폭으로 상승하고 있는 것으로 나타나고 있다. 이는 아시아를 중심으로 한 경제 네트워크의 부상을 잘 보여준다. 넷째, 아시아 도시들 중에서도 특히 중국 도시들의 부상이 두드러지게 나타난다. 중국 도시들은 무차별 대입과 분급 작용 모두에서 성장세가 가파르다. 도쿄 중심의 아시아 네트워크의 변화가능성을 엿볼 수 있는 대목이다.

마지막으로 4장에서는 네트워크 이론의 시각을 국제정치학 분야에 원용하여 동아시아 국가협력의 현실을 진단하고 지역협력의 미래를 전망하는 작업을 펼쳐보았다. 좀 더 구체적으로 말해, 협력의 비전으로서 동아시아 공동체 담론의 출현과 그 한계를 검토하고, 갈등의 현실로서 동아시아 국가들의 행보와 대중 차원의 민족주의를 지적했으며, 동아시아의 미래를 모색하는 한 방편으로서 다층적인 네트워크의 부상과 그 의미 등을 살펴보았다. 이러한 논의를 바탕으로 하여 동아시아 네트워크 속에서 한국의 위상을 짚어보고 향후 실천전략의 방향을 모색했다. 여태까지 동아시아에서 추진되어온 지역협력과 그 제도화의 노력은 다소 이상적이고 수사적인 수준에 머물고 있다. 제도적 협력이 있더라도 정부 간에 포괄적인 협력 구상을 내놓는 수준이다. 유럽의 경우에 비추어볼 때, 현재 동아시아에서 유럽연합과 같은 초국적 지역통합체에 버금가는 '아시아연합'을 가까운 미래에 실현하기는 쉽지 않아 보인다. 냉정하게 돌아보면, 동아시아 지역에서는 유럽연합에 버금가는 지역통합체나 공동체를 논하기에는 물적 조건이나 사회적 여건이 성숙되지 못했다. 동아시아 협력이 정착되고 동아시아 공동체가 자리 잡기 위해서는 지역의 정체성에 대한 동아시아 국가들 간의 합의뿐만 아니라 글로벌 패권과의 역관계 및 지역 내 세력 간의 역관계 등 고려해야 할 요인이 매우 많다.

동아시아의 현실은 유럽과는 달리 지역 내의 갈등을 안정적으로 해결할 만큼의 제도화나 신뢰를 구축하지 못하고 있다. 최근 동아시아 국가들이 벌이고 있는 군비경쟁이나 영토분쟁 등이 가시적인 증거가 되겠지만, 그 이면에 동아시아 국가들이 채택하고 있는 국가 모델과 여기에 근거하고 있는 대중 차원의 민족주의적 정서 등이 일국 차원을 넘어서는 역내 협력을 어렵게 하는 요인이 되고 있다. 실제로 동아시아 국가 모델은 부국강병을 추구하는 19세기형 국민국가 모델이나 국가 주도의 경제발전을 추진하는 20세기형 발전국가 모델에 머물고 있다. 이러한 국가 모델을 바탕으로 해서 벌어지는 동아시아 국제정치가 협력보다는 경쟁의 양상으로 나타나는 것은 당연하다. 최근 동아시아 국가들의 행보를 보면, 동아시아 지역협력과 공동체의 구상이 제기되는 가운데 일국 차원에 고착된 발전전략과 민족주의적 정서가 표출되는 양상이 발견된다. 그야말로 협력의 비전과 갈등의 현실이 공존하는 양상이 나타나고 있다. 그럼에도 동아시아의 미래를 네트워크의 관점에서 보려는 시도는 단순히 협력의 비전으로만 보는 낙관론이나 갈등의 비전으로만 보는 비관론을 넘어서 협력과 갈등, 그리고 경쟁의 비전이 복합되는 동아시아의 현실을 입체적으로 파악한다는 점에서 의미가 있다. 더 나아가 네트워크의 시각을 원용해서 동아시아 국제질서와 한국의 미래전략을 살펴보는 작업의 의미는 문명사적 변환에 직면한 것으로 자주 묘사되는 동아시아 국가들이 안고 있는 과제를 풀어나가는 데 있어 남다른 의미를 던진다.

이상에서 인구, 도시, 국가 네트워크라는 세 관점에서 다양한 네트워크 구성주체를 통해서 바라본 결과, 아시아라는 지역의 대규모성과 함께 지역 내에서의 다양성과 이질성이 아시아의 지역성임을 보여준다. 아시아는 공간적으로도 크지만 인구와 인구밀도로 볼 때에도 대규모성을 자랑하고 있다. 인구규모를 바탕으로 한 이러한 대규모성은 생산성과 구매력의 동반성장과 함께 경제의 무게중심이 서방에서 아시아 쪽으로 서서히 넘어오는 과정에서 중요한 경제기반으로서의 역할을 하고 있다. 글로벌 경제 환경에서 세계경제의 연계를 강화하는 고차서비스산업과 지식기반제조업 등 핵심 산업들은 아시아 내의 주요한 세계도시들을 거점으로 활동반경이 더욱 확산되고 있으며, 세계도시의 네트워크 속에서도 경제적 연계의 강화를 통한 아시아 도시들의 약진이 두드러진다. 특히 이러한 연계는 이전과 같이 유럽이나 북미 등 서방 세계도시들과의 연계가 강화되어가는 방식에서 더 나아가, 역내의 주요 도시들 간의 자체적인 연계가 강화되는 양상을 보인다. 이를 통해 내적 결속력이 높아진 보다 자족적인 단위지역으로서의 성격이 뚜렷해지며, 그 속에서 상호협력적인 도시 네트워크가 구성되고 있다.

경제적인 연계의 측면에서 내적인 협력의 정도가 강화되어가는 것과는 다르게 정치적인 상호연계는 그다지 협력적이라고 보기 어렵다. 기본적으로 아시아 국가들이 국가주의 모델이나 발전주의 모델을 견지하고 있는 한 협력과 우호관계를 폭넓게 증진시키기는 어려울 것으로 판단된다. 표면적으로도 경제적 협력의 필요에도 불구하고 북핵 등을 둘러싼 안보 문제나 해양주권 확보를 위한 영유권 분쟁, 과거사 인식의 차이에 따른 대립 등의 갈등이 상존하고 있는 상태에서 유럽에서와 같은 수준의 협력을 기반으로 한 통합적 접근을 기대하기는 어렵다. 인구 네트워크의 관점에서도 네트워크 구성주체 간에 협력적인 거버넌스가 구축되지 않는다면 인구구조와 경제구조의 불균형 등에 의해 국가 간 그리고 도시 간 인구이동은 지속적으로 발생하겠지만 그러한 흐름이 강화될수록 인구가 유출되는 국가나 도시와 인구가 유입되는 국가 및 도시들 간의 불균형과 갈등은 점점 심화될 가능성이 높다.

이상에서 정리한 것과 같이 협력과 갈등이 공존하며, 성장과 쇠퇴가 동시에 진행되고, 불균등성의 약화와 강화가 교차하여 나타나는 아시아의 지역성을 규명하는 데 있어 아시아가 가지는 다차원적이고 다층적인 네트워크를 고려하지 않는다면 진정한 아시아의 현재를 정확히 진단하는 것은 쉽지 않다. 더 나아가 이러한 진단을 토대로 제시할 수 있는 아시아의 미래 또한 불확실성에 좌우될 수밖에 없다.

2. 통합적 아시아 연구를 위하여

1) 연구의 의의

전통적 방식의 지역연구가 개념적 수준에서 보여주는 범위의 포괄성에도 불구하고 실질적으로 이루어지는 지역연구는 연구자 개인의 전문분야의 제한, 비용과 시간의 제약 등으로 인해 특정 분야의 단면만을 보여주는 연구가 될 수밖에 없었다. 이러한 한계들이 언젠가는 새로운 차원의 접근방법의 개발을 통해 극복되어야 하는 부분임에는 틀림없지만, 적어도 그때까지는 제한된 연구자원을 효율적으로 이용함으로써 지역에 대한 이해의 폭을 최대한 넓힐 수 있는 방법론을 추구하는 것이 현실적인 대안이 된다. 이 책의 각 장에서 활용한 네트워크적 관점을 이용하여 지역을 바라보는 것은 그러한 대표적인 예가 될 수 있다. 이 책에서는 지역의 다양한 특성 중 몇몇 특성에 집중하고 또 지역적으로도 동북아, 동남아 혹은 아시아권 전체 등 서로 다른 공간적 스케일에서 논의가 이루어지고 있다. 종래의 지역연구 방식처럼 대상의 특성 그 자체에 집중하는 방식의 연구라면 아마도 주제와 대상지역 범위가 위에 제시된 그 자체로서 끝이겠지만 네트워크적 관점, 특히 개방형의 열린 그리고 다층적으로 연계되어 있는 복잡 네트워크의 관점에서 바라본다면 특정 주제와 지역에 대한 이해는 그 자체뿐만 아니라 그것들과 연결되어 있는 다양한 주제와 지역을 동시에 고려하지 않고는 그 본질을 이해하기 어렵다. 그러한 점에서 네트워크적 접근을 통해 현실적인 제약 때문에 비교적 제한된 주제와 지역을 바라보면서도 상대적으로 포괄적으로 지역을 이해할 수 있다는 것을 이 책은 제시하고 있다.

이 책에서 다루고 있는 부문은 사회, 경제, 정치 부문으로 사회과학적으로 접근하는 지역연구에서 핵심을 이루는 주제들이다. 그러나 네크워크적 관점에서 볼 때 이들 부문은 기존의 지역연구에서 바라보는 방식과는 확연히 차이가 있다. 2장에서 다룬 인구의 경우, 지역 특성으로서의 한 사회 안에서의 인구현상의 변동 양상을 그 자체로만 이해하지 않고 다른 사회들과의 관계 속에서 상호 연동되어 변화가 일어나는 열린 네트워크의 틀 위에서 규명하고자 할 때, 그 사회와 연계를 형성하고 있는 다른 사회에 대한 고려를 포함하지 않고는 정확한 설명을 제공하기 어려워진다. 경제의 경우도 각종 경제활동 지표나 대상 지역의 자산적 특성을 중심으로 경제적 특성을 파악하는 것에서 벗어나 경제적 연계라는 이해의 틀을 도입함으로써 집합체로서의 도시들이 특정 지역에서 형성하는 총체적 성격을 도시들 간의 관계의 성격과 강도를 통해 파악함으로써 좀 더 입체적이고 역동적인 지역의 특성을 제시할 수 있게 된다. 정치의 경우 기존의 지역연구에서는 주로 일국 내의 정치적 여건과 상황 등을 중심으로 지역 특성을 바라보지만 여기서는 관계적 관점에서 의사결정주체로서 한 국가가 다른 국가들과 형성하는 국제관계라는 틀 속에서 정치적 속성을 규명할 수 있다. 결국 네트워크적인 관점은 지역연구의 주제를 대상화하는 방식과 과정에서 기존의 전통적인 유형의 지역연구들과는 차별성을 가지게 되며 이를 통해 관계적인 틀에서 주제를 바라봄으로써 좀 더 포괄적으로 이해할 수 있게 해준다.

네트워크 구성주체의 측면에서 이 책에서 다루는 세 장들은 다양한 공간 스케일에서의 상이한 특성들을 대표성 있게 잘 반영하는 네트워크 행위자들이면서, 그 스스로 거버넌스 주체로서의 역할을 능동적으로 수행할 수 있는 사람, 도시, 국가를 각각 대상으로 삼음으로써, 이를 통해 다양한 차원에서 형성되고 있는 네트워크 관계를 볼 수 있다. 또한 이를 통해 다층적이고 더 나아가 다차원적인 관계의 구조를 이해하는 데 기여한다. 도시 단위 수준에서 이루어지는 연계와 교류는 국가 단위에서 형성되는 연계 및 교류와는 성격적으로 다르게 나타날 것으로 기대할 수 있다. 이는 각각의 구성주체 단위별로 네트워크를 형성하고자 하는 배경과 요구, 기대효과 등이 다를 것이라는 점을 고려한다면 자연스러운 결과라고 생각된다. 사람 혹은 개인, 그리고 집합적 의미에서의 인구는 사회공간적으로 가장 미시적인 수준에서의 네트워크 행위자로서 또 다른 차원에서의 네트워크 구성주체라고 볼 수 있다. 이들 이질적인 네트워크 구성주체들이 형성하는 네트워크는 연구대상으로서의 특정 지역을 좀 더 다면적이고 다층적으로 이해하는 데 기여한다는 점에서, 다양한 구성주체를 다루는 것은 포괄적이고 종합적인 인식이라는 측면에서 그 의미가 크다.

2) 연구의 한계와 향후 연구방향

이 책에서 시도한 네트워크적인 접근을 통한 아시아 지역 바라보기는 지역에 대한 이해라는 측면에서 새로운 시도로서 의미가 있으나, 몇 가지 점에서 한계도 있다.

첫째, 아시아 네트워크를 바라보는 데 있어 이 책의 연구들은 지역 내의 네트워크를 주 대상으로 분석하는 과정에서 일부를 제외하고는 지역 외부 네트워크의 영향을 충분히 결합하여 고려하지 못했다. 하지만 지역은 카첸스타인이 언급한 것처럼 많은 경우에 다공성(porous)의 특성을 지니고 있다(Katzenstein, 2005). 지역 내의 네트워크 또한 마찬가지일 것이어서 한 지역의 네트워크는 다른 지역에 있는 네트워크들과 독립적으로 존재한다고 보기 어렵다. 그러한 점을 고려한다면 아시아 지역 내의 네트워크를 바라봄에 있어 아시아 외부의 네트워크가 어떤 영향을 미치고 있는지, 그리고 아시아 지역의 네트워크는 외부 네트워크에 어떤 영향을 주고 있는지를 종합적으로 고려해야 아시아의 현재와 변화에 대해 정확한 설명을 할 수 있을 것으로 생각한다. 이와 같은 포괄성이 종합성을 특히 강조하는 지역연구의 적합한 접근방식이 될 수 있을 것으로 판단한다.

둘째, 지역을 다면적인 성격의 복합체 혹은 더 나아가 융합체라고 볼 때 이를 설명하기 위한 설명의 틀로써 분야별 네트워크적 접근이 융합적이지는 않았다는 점이다. 4장에서 논의된 국제정치적인 작동 메커니즘이 3장에서 다룬 도시 간의 경제연계에 영향을 미치고 또 이러한 국제정치적 그리고 경제적 네트워크가 국가별 인구변동으로 나타나는 인구 네트워크에 작용해서 상호 영향관계가 있으리라고 생각할 수 있는 부분임에도 이 책에서는 융복합적인 설명을 시도하지는 않았다. 향후 네트워크적 접근을 바탕으로 지역의 특성을 규명하려는 연구에서는 전체 연구의 틀을 구성할 때 각각의 주제 분야도 상호간에 네트워크적인 연결관계를 바탕으로 그들 간의 인과관계나 연관관계 등을 고려함으로써 지역연구의 궁극적인 지향점인 융복합적인 연구를 수행할 수 있는 여건을 잘 조성하는 것이 중요하다고 생각한다.

셋째, 이 책에서 다루는 분야가 지역연구의 다면적인 특성을 반영하기에는 제한적이라는 점이다. 여기서 다룬 국제정치, 경제연계, 인구 및 사회변동은 사회과학적으로 지역을 바라보는 데 있어 핵심적인 부문들이기는 하나 지역을 특성화하는 데는 좀 더 다양한 부문에 대한 고려가 필요하다. 사회과학적인 관점에서 보더라도 국제정치뿐만 아니라 일국 내에서의 정치 및 거버넌스 네트워크가 있고 경제적 네트워크도 세계화를 지향하는 성격의 기업활동 연계로 측정된 연계뿐만 아니라 물류 네트워크, 글로벌 생산 네트워크, 금융 네트워크 등이 있으며, 인구 및 사회 네트워크의 경우에 SNS 등을 매개로 한 사람들 간의 소셜 네트워크 등도 21세기 지역의 특성을 보여주는 대표적인 네트워크가 될 수 있다. 이 외에도 세계화의 강화에 따른 초국적 이주 네트워크, 한류 등 문화현상의 확산 및 전파와 관련된 미디어 기반 네트워크, 연계의 기반 시설로서의 공간상에서 교통과 정보통신 네트워크 등등 다양한 부문을 고려할 필요가 있다. 더 나아가서는 인문학적인 측면에서 주요한 대상으로 다루어왔던 언어, 종교, 관습, 제도 등의 확산과 연계 과정도 지역성의 규명에 결합된다면 좀 더 충실한 의미의 지역연구를 지향할 수 있게 된다.

넷째, 새로운 시도로서의 네트워크적 관점의 지역연구가 새로운 지평을 여는 연구동향으로 자리를 잡기 위해서는 네트워크적 접근을 바탕으로 한 지역에 대한 연구방법론들 간의 일반화와 표준화를 추구해야 할 필요가 있다. 다양한 방식의 차별화된 네트워크적 접근이 제공할 수 있는 다면성도 대상으로서의 지역의 다면성을 고려한다면 장점이 될 수 있으나 방법론 간의 지나친 이질성은 연구가 수행되는 각 부문들의 결과를 유기적으로 결합하여 종합적인 결론을 도출하는 데 장애가 될 수 있다. 같은 네트워크적인 접근이라도 계량적인 도구들을 이용한 방식과 질적 접근방식은 연구의 과정뿐만 아니라 결과가 가지는 함의의 성격과 범위에서도 다를 수밖에 없다. 따라서 이들 각각에 대하여 분석 과정의 원형(prototype)과 분석 결과의 해석 및 함의의 범위 등에 대해 어느 정도 표준화된 가이드라인을 마련하는 것도 한 가지 대안이 될 수 있다. 더 나아가서는 종합성을 가지는 지역연구라는 관점에서 계량적 방법과 질적 접근이 같이 적용되어 대상이 가지는 복합성이 서로 다른 조명방식에 의하여 다른 차원에서 비추어질 수 있는 메타방법론이 정리된다면 학문적으로 좀 더 발전적인 지역연구의 장을 열어갈 수 있을 것이다.

과거 제국주의 열강들의 식민지 개척 시대에 각광을 받아왔던 지역연구가 21세기 세계화의 과정 속에서 새롭게 각광을 받고 있는 현 시점에, 네트워크적 관점에서의 지역연구 방법론이 '신' 지역연구의 새로운 지평을 열게 되기를 기대한다.

참고문헌

Katzenstein, P. J., 2005, *A World of Regions: Asia and Europe in the American imperium*, Cornell University Press.

찾아보기

발간사

다가오는 미래가 아시아의 시대가 될 것이라는 인식은 이제 우리에게 그리 새롭지는 않습니다. 그렇다면 우리에게 주어진 과제는 한국인과 한국사회는 어떤 존재로서 아시아의 시대를 살아가고자 하는가 하는 질문을 통해 우리와 남의 모습을 상상하고, 우리와 남의 관계에 대한 그림을 그리고, 그것들을 실천하는 일일 것입니다.

그러나 아시아의 시대가 온다고 해서 아시아 사람들이 저절로 잘 살게 되는 것도, 아시아가 저절로 평화롭고 정이 넘치는 공동체가 되는 것도 아닐 것입니다. 그러므로 우리는 아시아 지역을 살아가는 사람들이 어떤 공동체를 만들어가고 싶은가, 아시아 공동체가 잘 되면 인류에게 무슨 도움이 되는 것인가 하는 질문을 해야 하지 않을까 싶습니다. 오히려 아시아의 시대가 왔다고 생각하기 시작한 지난 20여 년 간 아시아 내부의 갈등과 적대, 민족주의와 인종차별 등은 더 심해지고 있다는 착각이 듭니다. 그것을 착각이라고 생각하는 까닭은 외양으로 보면 그렇게 보이지만, 실제 내부에서 일어나는 현상을 찬찬히 살펴보면, 아시아 내부의 상호이해와 교류가 느리지만 거대한 규모로 일어나고 있다고 믿기 때문입니다. 지표면에서 보면 날씨 변화도 심하고 지진도 자주 일어나지만, 땅속 깊은 곳에서 아시아의 시대를 만들어가는 지하수의 물줄기가 형성되고 있는 것 아닌가 싶습니다.

20세기 유럽과 미국이 축적한 자연과학과 인문·사회과학 등 근대의 학문적 지식은 인류 문명의 새로운 길을 열었고, 인류의 행복과 안정에 커다란 기여를 했습니다. 물론 제국주의 지배와 전쟁, 차별과 빈곤을 동시에 가져다주기도 했습니다. 아시아의 세기는 서양의 근대를 넘어서서 새로운 '근대 이후'를 만들어나가는 일이어야 합니다.

지식의 생산과 공유, 인재 양성을 책임지고 있는 대학이라는 공간에서 아시아에 대한 어떤 지식을 생산하고, 아시아에 대해 무엇을 어떻게 가르칠 것인가 하는 문제의식이야말로 서울대학교 아시아연구소에 주어진 책무일 것입니다. 서울대학교 아시아연구소는 2009년 9월 출범한 이래 지역과 주제의 결합에 기초한 아시아 연구의 세계적 허브 구축을 목표로 아시아 연구 기반 구축과 우수 연구활동 지원 등의 다양한 학술 활동을 진행해왔습니다. 특별히 아시아에 대한 지식 생산의 기반을 다지는 작업으로서, 우수한 기초 연구 활성화를 위해 노력해왔습니다.

서울대학교 아시아연구소총서는 바로 이러한 학문적 노력의 결실입니다. 앞으로도 서울대학교 아시아연구소는 국내외 연구자들의 우수한 연구를 지원하여 그 결과물을 지속적으로 발간해나갈 것입니다. 이러한 아시아연구소총서가 아시아의 시대를 열어가는 데 필요한 기반을 만드는 중요한 지적 자산이 되기를 기대합니다. 이를 바탕으로 아시아 시대를 만들어가는 지하수를 실증적으로 드러내고, 아시아 내부의 상호 이해와 교류를 넓혀갈 수 있길 바랍니다.

서울대학교 아시아연구소

저자 소개

손정렬

서울대학교 사회과학대학 지리학과를 졸업하고, 같은 대학 대학원에서 지리학 석사학위와 미국 일리노이대학교에서 지리학 박사학위를 취득했다. 미국 매릴랜드대학교 스마트성장연구소 박사후 연구원과 미국 멤피스대학교 지구과학과 교수를 거쳐, 현재 서울대학교 사회과학대학 지리학과 교수로 재직 중이다. 저서로 『지식정보사회의 지리학 탐색(제3판)』(공저), 『네트워크의 지리학』(공저), 『도시의 이해(제5판)』(공저) 등이 있고, "Are Commuting Patterns a Good Indicator of Urban Spatial Structure?" "Evaluating the Significance of Highway Network Links Under the Flood Damage: An accessibility approach," 「GIS 공간분석기법을 이용한 서울시 노인주간보호시설의 접근성 연구」(공저) 등의 논문이 있다.

김상배

서울대학교 사회과학대학 외교학과를 졸업하고, 같은 대학 대학원에서 외교학 석사학위와 미국 인디애나대학교에서 정치학 박사학위를 취득했다. 정보통신정책연구원(KISDI) 책임연구원을 거쳐, 현재 서울대학교 사회과학대학 정치외교학부(외교학 전공) 교수와 서울대학교 국제문제연구소 소장으로 재직 중이다. 저서로 『아라크네의 국제정치학: 네트워크 세계정치이론의 도전』, 『정보혁명과 권력변환: 네트워크 정치학의 시각』, 『정보화시대의 표준경쟁: 윈텔리즘과 일본의 컴퓨터산업』 등이 있다.

박경숙

서울대학교 사회과학대학 사회학과를 졸업하고, 같은 대학 대학원에서 사회학 석사학위와 미국 브라운대학교에서 사회학 박사학위를 취득했다. 서울대학교 사회발전연구소 상근연구원과 한양대학교 아태지역연구센터 연구교수, 동아대학교 교수를 거쳐, 현재 서울대학교 사회과학대학 사회학과 교수로 재직 중이다. 저서로 『인구학 방법: 인구동태의 측정과 모형』, 『북한사회와 굴절된 근대: 인구, 국가, 주민의 삶』, 『세대갈등의 소용돌이: 가족, 경제, 문화, 정치적 메커니즘』(공저) 등이 있고, 「서울과 나고야 노인의 생애사와 가족변화: 근대가족의 탄생과 종언의 생애사적 자취」, 「노인가구형태의 변화가 노인 빈곤율 변화에 미친 영향」, 「식민지 시기(1910~1945년) 조선의 인구동태와 구조」 등의 논문이 있다.

권규상

서울대학교 사회과학대학 지리학과를 졸업하고, 같은 대학 대학원에서 지리학 석사와 박사 학위를 취득했다. 한국과학기술원 조천식녹색교통대학원 박사후 연구원을 거쳐, 현재 국토연구원 도시연구본부 책임연구원으로 재직 중이다. 논문으로 "The Evolution of the World City Network, 2006-2013: The case of organizational structures in transnational corporations,"「도시 네트워크의 규범적 개념화에 대한 비판적 검토」,「노점상 연구에서 도시 비공식성 개념의 이론적, 실천적 함의」,「정보사회의 권력관계와 대항권력의 형성: '나는 꼼수다'를 사례로」 등이 있다.